Zeppeline, Marineluftschiffe und Marineflieger

Museumsführer für das
Deutsche Luftschiff- und Marinefliegermuseum
AERONAUTICUM Nordholz

Jörg-M. Hormann

Zeppeline, Marineluftschiffe und Marineflieger

Herausgegeben vom Deutschen Luftschiff- und Marinefliegermuseum AERONAUTICUM
Nordholz

Verlag E.S. Mittler & Sohn GmbH
Hamburg-Berlin-Bonn

4   Inhaltsverzeichnis

Gut dreißig Jahre sollte es dauern, bis eine Idee und erste Sammlungsaktivitäten zum heutigen Deutschen Luftschiff- und Marinefliegermuseum, dem AERONAUTICUM Nordholz, führten. Mit der Verleihung des Traditionsnamens »Graf Zeppelin« durch den damaligen Bundespräsidenten Heinrich Lübke an das in Nordholz stationierte Marinefliegergeschwader 3 begann 1967 die Entstehungsgeschichte des späteren Museums. Anfangs hatte die kleine Traditionssammlung, die mit Unterstützung der »Marine-Luftschiff-Kameradschaft Hamburg von 1924« zusammengetragen wurde und einen Raum auf dem Fliegerhorstgelände fand, keine Ambitionen, ein Museum zu werden. Der gute Wille weniger Unverzagter, jungen Marinefliegern die Luftschiffära näherzubringen, und der Mangel finanzieller Mittel für eine angemessene Darstellung der ständig wachsenden Sammlung waren nicht die besten Voraussetzungen, um das Thema einer breiteren Öffentlichkeit zu erschließen.

Neue Zeiten für die Museumsidee kündigten sich 1987 an. Auf Anregung der Gemeinde Nordholz erfolgte die Gründung des »Förderverein Marine-Luftschiff-Museum Nordholz im Landkreis Cuxhaven e.V.« In der Satzung des Vereins waren die Aktivitäten für die nächsten Jahre vorgegeben: »alle Gegenstände und alles Schriftgut aus der Ära der Luftschiffe zu sammeln, aufzubereiten und sie in einem Museum der Öffentlichkeit zu präsentieren sowie die Geschichte der Wurster Heide zu erfassen und darzustellen«. Drei Jahre später überließ die Wehrbereichsverwaltung dem Verein ein 1500 m² großes Gelände des früheren Luftschiffplatzes im Rahmen eines Mitbenutzungsvertrages. Direkt an der Einfahrt, aber außerhalb des Marinefliegerhorstgeländes gelegen war dies genau der richtige Platz für das geplante Museum.

Jetzt übernahm das Marinefliegergeschwader 3 die Initiative, es wollte seinem Traditionsnamen »Graf Zeppelin« gerecht werden und organisierte in enger Zusammenarbeit mit dem Landkreis Cuxhaven, der Gemeinde Nordholz, dem Förderverein

Graf Zeppelin, Symbolfigur der Luftschiffzeit. Bronze von Frijo Müller-Belecke, Hemmoor

und der »Marine-Luftschiff-Kameradschaft« die weiteren Aktivitäten für das Luftschiffmuseum. Am 17. Oktober 1991 war es soweit: Ein bis dahin nicht genutztes Gebäude in der Nähe der Landstraße 135 mit vier Räumen wurde als »Marine-Luftschiff-Museum Nordholz« eröffnet. Vier Abteilungen, Luftschiff-Technik, Die Marine-Luftschiffahrt, Infrastruktur eines Luftschiffplatzes am Beispiel Nordholz und Passagier-Luftfahrt, umfaßten das kleine Museum. Schnell zeichnete sich ab, daß diese Präsentation des Themas Luftschiffahrt in den beengten Räumlichkeiten nur eine Zwischenlösung sein konnte.

Die Entwicklung des kleinen Luftschiffmuseums zum heutigen AERONAUTICUM begann im März 1994. Das Deutsche Schiffahrtsmuseum (DSM) Bremerhaven wollte sich mit einem Neubau erweitern und benötigte dafür die Fläche, auf der die damalige Ausstellungshalle, die »Bootshalle« des Museums, stand. Unter der Voraussetzung der Demontage und des Abtransports wurde sie den Nordholzer Museumsinitiatoren als Geschenk für die weitere Nutzung als Ausstellungshalle angeboten.

Diese Halle mit 750 m² frei überspannter Nutzfläche gehörte zum Gebäudeensemble des Schiffahrtsmuseums, dem letzten Entwurf des bekannten Architekten Professor Hans Scharoun (1893–1972). Unter Architekten gehört der Entwurf des DSM zu den Meisterwerken des Schöpfers der Berliner Philharmonie. Sein spielerisches Umgehen mit Räumen, die sich auf versetzten Ebenen miteinander verbinden und optisch faszinierende Bezüge zueinander herstellen, gehörte in den 60er Jahren zu den Novitäten und wird heute als Split-Level-Entwurf gepflegt. Auch der Zweckbau der ehema-

»Bootshalle« des Deutschen Schiffahrtsmuseums noch in Bremerhaven. Ein Entwurf von Professor Hans Scharoun.

9

ligen »Bootshalle«, der heute Luftschiffgeschichte beherbergt, läßt durch seine Winklung der horizontalen Fläche und die Winkel der Seitenwände und Dächer zueinander den genialen Entwurf Hans Scharouns ahnen. Die innen lichtdurchflutete, offen sichtbare Hallenkonstruktion mit ihrem Ausblick auf die Marineflugzeuge des Außengeländes paßt hervorragend zum Thema. Luftschiffhalle und Luftschiff gehörten als »Funktionsgespann« zusammen.

Wie bekommt man nun eine Halle dieser Größe von Bremerhaven nach Nordholz? Indem man sie komplett demontiert, und zwar ohne Beschädigung der Einzelteile. Im Spätherbst 1994 übernahmen 60 Soldaten der 6. Kompanie des Pionierbataillons 11 aus Dörverden diese reizvolle Aufgabe und ließen die Baufachleute staunen. In kürzester Zeit war die Halle abgebaut und per Lkw nach Nordholz transportiert. Spektakulär wurde der Transport von zwölf jeweils mehr als dreieinhalb Tonnen schweren Holzbindern des Hallengerüstes. Transportflieger des Heeres mit ihren großen CH-53 Transporthubschraubern hängten sich die über 10 Meter hohen und 20 Meter breiten Binder unter die Maschine und flogen sie nach Nordholz auf den Marinefliegerhorst.

Zur substantiellen Hilfe der Bundeswehr, die sich allerdings noch als Bumerang herausstellen sollte, kam umfangreiche Hilfe von Sponsoren sowie Unternehmen und Ausbildungseinrichtungen aus der Region, die den Aufbau der Halle und die Gestaltung des Geländes unterstützten. Am 6. Mai 1997 konnte dann das attraktive und in seiner Art einmalige Museum durch die damalige Niedersächsische Ministerin für Wissenschaft und Kultur, Helga Schuchardt, eröffnet werden. Ständig steigende Besucherzahlen als Ergebnis eines effizienten Museumsmanagements und erhöhte Aufmerksamkeit auf allen Ebenen für diese gelungene Museumsgründung rettete das AERONAUTICUM vor der Schließung, nachdem 1999 dem Förderverein das Bundeswehrengagement beim Abbau und Wiederaufbau der »Bootshalle« auf Betreiben des Bundesrechnungshofs in Rechnung gestellt werden sollte. Von der guten Sache des Museums überzeugt, haben vor allem Repräsentanten aus dem politischen Raum ihren Einfluß geltend gemacht, um die existentielle Gefahr vom AERONAUTICUM abzuwenden.

Bereits an der Autobahn Bremen–Cuxhaven findet sich das erste Hinweisschild auf das AERONAUTICUM. Von der Abfahrt Nordholz sind es nur weniger als fünf Minuten bis zum Parkplatz, direkt vor dem Museumskomplex. Neben der Ausstellungshalle und dem Freigelände mit derzeit zwölf Luftfahrzeugen gehören entsprechende Funktionsräume für die Verwaltung, ein Archiv und eine Werkstatt sowie ein Vortragsraum zum Museum. Cafeteria und Museumsshop sowie ein Kiosk auf dem Außengelände runden das Angebot für die Besucher ab.

Die Ausstellung besteht aus fünf Abteilungen der Dauerausstellung und einem Sonderausstellungsbereich. Der Empfehlung für einen Rundgang entspricht dieser Museumsführer: 1. Technik der Luftschiffe (rot), 2. Luftschiffe im Krieg (violett), 3. Zivile Luftschiffahrt (grau), 4. Luftschiffplatz Nordholz (grün), 5. See- und Marineflieger, Außengelände (hellblau). Die Seiten mit dem Logo des AERONAUTICUMS führen durch die Sammlung, und die weiteren Texte vertiefen ausgewählte Themen.

Große Halle für kleine Luftschiffe. Blick in die Ausstellung des AERONAUTICUMS.

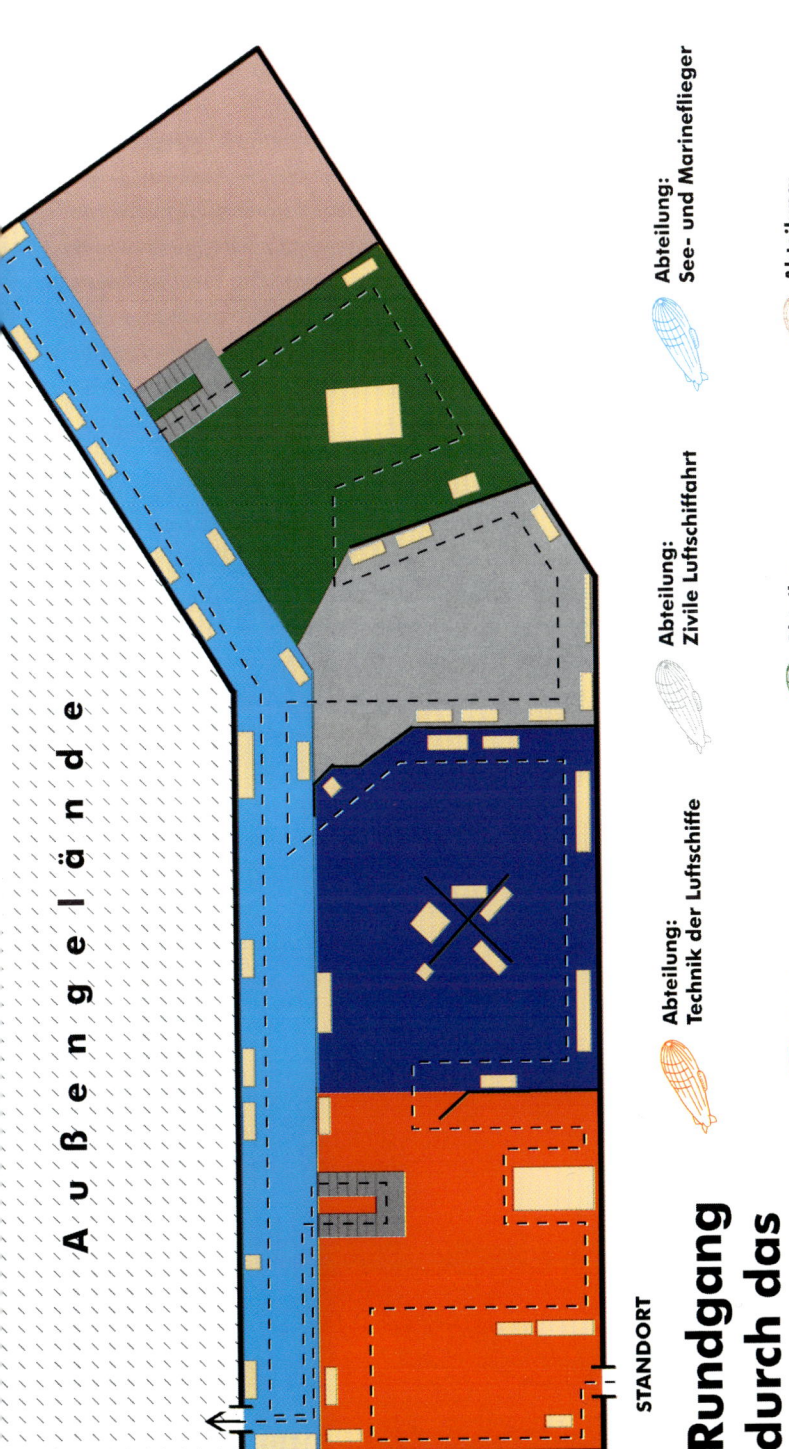

Außengelände

STANDORT

Rundgang
durch das
Museum

Abteilung:
Technik der Luftschiffe

Abteilung:
Luftschiffe im Krieg

Abteilung:
Zivile Luftschiffahrt

Abteilung:
Luftschiffplatz Nordholz

Abteilung:
See- und Marineflieger

Abteilung:
Sonderausstellungen

»Um gegen die Luft zu kämpfen, muß man spezifisch schwerer sein als Luft.« Dieser Lehrsatz von 1863 sollte sich in den nächsten hundert Jahren der Versuche des Menschen, sich vom Boden in die Luft zu erheben, in vielerlei Hinsicht bewahrheiten. Zwei Prinzipien standen für die Möglichkeit des Fliegens zur Auswahl: fliegen mit Geräten »leichter als Luft« oder mit Geräten »schwerer als Luft«. Nahm man den oben zitierten Lehrsatz ernst, hatte nur das zweite Prinzip eine Chance. Doch alle Versuche des Menschen, sich wie ein Vogel durch eigene Kraft in den Himmel zu erheben, scheiterten. Die Sage von Dädalus und Ikarus ist hier das bekannteste Beispiel. Der Verzicht des Menschen auf eigene Kraftanwendung und mit der Hilfe einer Apparatur erst einmal im Gleitflug horizontal durch die Luft zu fliegen, verhalf dem Prinzip »schwerer als Luft« zum Durchbruch. Otto Lilienthal (1848–1896) war der Pionier auf dem Gebiet des Gleitfluges. Es fehlte nur noch eine Kraft als Antrieb, um die gleitende Fläche durch das Medium Luft zu ziehen oder zu schieben. Der Motor wurde erfunden und gab dieser Art des Fliegens seinen Namen. Die technische Entwicklung des Motorfluges folgte in Zukunft der Devise: stärkere Motoren und größere Tragflächen führten zu größeren und schnelleren Flugzeugen. Und wo blieb die Umsetzung des Prinzips fliegen mit Geräten »leichter als Luft«? Der erste Weg, um sich in die Luft zu erheben, erschien relativ leicht. 1783 hatten die Brüder Joseph und Jacques Montgolfier, Papierfabrikanten und Erfinder aus Lyon, den Beweis angetreten. Sie starteten mit ihrem Heißluftballon in den Himmel. Schließlich ersetzte Wasserstoff als Traggas die warme Luft in der Ballonhülle, und das Fahren mit Freiballons verlor seit

Marine-Luftschiff »L 1«, das 14. Luftschiff der Luftschiffbau-Zeppelin GmbH

Mitte des 19. Jahrhunderts das Sensationelle. Durch gezieltes Ablassen von Wasserstoff und Ballastabwurf waren die Ballons höhensteuerbar. Die horizontale Steuerung blieb jedoch dem Wind überlassen. Abhilfe schafften hier erst eine Antriebskraft und die Steuerbarkeit des Apparates, damit wurde der Ballon zum Luftschiff.

Daraus ergaben sich drei Konstruktionsprinzipien des Luftschiffbaus:

1. Unstarres Luftschiff (Prall-Luftschiff), zum Beispiel von August von Parseval (1861 – 1942). Eigentlich ein aerodynamisch

Drei Persönlichkeiten der Luftschiffahrt am 1. Mai 1916 in Nordholz, von links Dr. Hugo Eckener, Graf Zeppelin und Fregattenkapitän Peter Strasser

geformter steuerbarer Ballon, dessen gasdichte Hülle das Traggas enthielt. Ein Seilnetz übertrug die Last der Motor- und Passagiergondel gleichmäßig auf die Hülle. Der Druck des Traggases bestimmt die äußere Form (schlaff oder prall). Zum Ausgleich bei Schwankungen des Innendrucks waren innerhalb der Gaszelle zwei oder mehr flexible Gaszellen, sogenannte »Ballonets«, eingebaut., deren Volumen mit Druckluft verändert werden konnten.

2. Halbstarres Luftschiff: unstarres Luftschiff, das durch den Einbau eines leichten Kielgerüstes mehr Stabilität und damit eine höhere Tragkraft erhielt.

3. Starres Luftschiff, zum Beispiel von Graf Zeppelin (1838–1907) und Johann Schütte (1873–1940). Die äußere Form bestimmte das stoffumhüllte starre Gerippe aus Leichtmetall oder Holz und der verstärkte Kiel. Im Inneren waren die Traggas enthaltenden Gaszellen angeordnet. Passagier- und Motorgondeln konnten direkt an der tragenden Gerippekonstruktion befestigt werden.

Graf von Zeppelin – Namensgeber einer Epoche

Ferdinand Adolf August Heinrich Graf von Zeppelin, am 8. Juli 1838 in Konstanz am Bodensee geboren, hatte eine bemerkenswerte militärische Karriere mit Höhen und Tiefen hinter sich, bevor er als verabschiedeter Reitergeneral im Alter von 52 Jahren begann, einen Traum zu verwirklichen: Er wollte Luftschiffe bauen. Am 31. August 1895 erhielt er für seine grundlegende Idee des Starluftschiffes den Segen des Reichspatentamtes. Daß dabei seine hintereinander angeordneten Tragkörper in einem starren Gerippe mit Umhüllung nur als »Sportgerät« gesehen wurde, störte ihn jedoch nicht. Zielstrebig machte er sich ans Werk. Er gründete verschiedene Unternehmen und ließ seine Vorstellungen technisch umsetzen. Er riskierte sein Vermögen, ging »betteln«, um Mittel zum Weitermachen zu bekommen, und er überwand den Spott und die Tragik der anfänglichen Mißerfolge. Als ihn Kaiser Wilhelm II. im November 1908 in Friedrichshafen mit dem »Schwarzen Adlerorden« auszeichnete und als »einen der größten Deutschen des Jahrhunderts« bezeichnete, befand sich Graf Zeppelin, wie alle Deutschen zu jener Zeit, im »Zeppelinfieber«. Die Fluggeräte mit seinem Namen waren in aller Munde, und Skeptiker seiner Technik hatten keine Chance. Zeppelins Tod am 8. März 1917 in Berlin bewahrte ihn vor dem Erleben der technischen Grenzen des starren Luftschiffes. Das Flugzeug hatte begonnen, den Himmel zu erobern. Zeppelin scheint das Scheitern seiner Luftschiffe im Kriegseinsatz allerdings vorhergesehen zu haben, denn schon seit 1907 engagierte er sich auch im Flugzeugbau.

Graf Zeppelin (1838–1917), Lithographie von H. Friedrich Rumpf von 1917

Forschungsprojekte für den in Olden-burg am 26. Februar 1873 geborenen Johann Schütte waren das Medium Was-ser und der darin umströmte Schiffs-körper. Als Schiffbauer errichtete und leitete Schütte im Auftrag des Nord-deutschen Lloyd die erste deutsche Schleppversuchsanlage in Bremerhaven. Mit seiner Berufung im Jahre 1903 an die Technische Universität Danzig wurde Professor Schütte Ordinarius für theoretischen Schiffbau.

Das »glückliche Unglück« von Ech-terdingen 1908 sollte für Johann Schüt-te zum Schicksal werden. Nach eigenen Überlegungen zum Hergang des Un-glücks von »LZ 4« wendete er sich mit technischen und aerodynamischen Ver-besserungsvorschlägen der Konstruk-

Johann Schütte (1873–1940), Re-produktion des Winter-Gemäldes im AERONAUTICUM. Das Original befindet sich in Privatbesitz.

tion an den Grafen Zeppelin. Der wies ihn schroff ab.

Nach der Devise »Jetzt erst recht« und den sicherlich besse-ren Ideen widmete sich Schütte ganz dem Luftschiffbau. Mit Dr. Karl Lanz und August Röchling, zwei finanzkräftige Part-ner aus der Schwerindustrie, konnte er seine Ideen verwirk-lichen. 1909 begann die gemeinsame Firma Luftschiffbau Schütte-Lanz auf der Werft in Rheinau bei Mannheim den Bau des ersten Schütte-Lanz-Luftschiffes, das als »S.L. I« am 17. Oktober 1911 zur Probefahrt aufstieg.

Seit 1914 fanden die Ideen des Konstrukteurs Schütte beim Bau der Zeppelin-Luftschiffe Verwendung. Das Deutsche Reich hatte die zahlreichen Patente Schüttes wegen ihrer »kriegswichtigen Funktion« zeitweilig übernommen und dem größeren Konkurrenten Zeppelin zur Verfügung gestellt. Verbittert und enttäuscht prozessierte Schütte nach dem Krieg jahrelang ohne greifbares Ergebnis gegen diese spezi-elle Kriegswillkür. Er starb am 29. März 1940 in Oldenburg.

Im letzten Jahrzehnt des 19. Jahrhunderts hing in den Köpfen der Visionäre aller Gesellschaftsschichten der Himmel voller Ballone, Luftschiffe und abenteuerlicher Fluggeräte. Konkret war aber nur die Erfahrung eines einzigen Prinzips, um sich als Mensch in die Lüfte zu erheben. Das Fliegen – oder besser Fahren – mit einem Gerät, das leichter war als Luft, konnte bereits am Himmel der europäischen Staaten beobachtet werden. Ballone waren bekannt und wurden eifrig benutzt und verbessert. Damals wie heute in erster Linie als Sportgerät.

Es fehlte ein wichtiger Faktor, um aus Visionen Realität werden zu lassen – der Antrieb des Fluggerätes. Auf- und Abstieg des Ballons waren beeinflußbar, die Fahrrichtung dazwischen aber nicht. Gegen den Wind fahren – die Vision der Visionäre. Mit der Erfindung des Explosionsmotors begann es auch am Himmel zu brummen. Mehrere Ballone, nun Gaszellen genannt, hintereinander in ein stabilisierendes Gerippe zu packen, mit einer Hülle zu überziehen und von Motoren antreiben zu lassen war die logische Konsequenz der technischen Möglichkeiten der Zeit und die Geburtsstunde des starren Luftschiffes. Die folgenden zwei Jahrzehnte bis zum Ende des Ersten Weltkrieges dienten besonders in Deutschland dem Ausprobieren der verschiedenen Luftschiffsysteme. Es war die Zeit der Luftschiffeuphorie.

Den militärischen Visionären der Kaiserlichen Marine schwebten 1918 wahre Schlachtschiffe am Himmel vor. Mit Artillerie ausgerüstet, sollten sie ihrem bedrohlichsten Gegner, dem Flugzeug, bis auf 8000 Meter Höhe davonsteigen. Letztendlich landeten diese Pläne im Papierkorb der Geschichte.

Zeppelin NT am Ankermast während der Erprobung in Nordholz im Juli 2000.

Es folgte die Vision des zivilen Weltluftschiffverkehrs in den 20er und 30er Jahren des 20. Jahrhunderts. Als Langstreckenfahrer konnte das Luftschiff noch Vorteile gegenüber dem aufschließenden Flugzeug ausspielen, doch die Explosion der HINDENBURG in Lakehurst 1937 beendete die Luftschiffära nach 40 Jahren. Die Verfechter des Prinzips des Fliegens mit Geräten »schwerer als die Luft«, dem Flugzeug, eroberten den Himmel.

Der nützliche Platz für Fluggeräte »leichter als die Luft« am heutigen überfüllten Himmel ist knapp, und man muß schon Visionär sein, um Vorstellungen zu entwickeln, und langen Atem haben, um sie zu realisieren. Im wesentlichen gibt es zwei aktuelle Nachfolgeprojekte des starren Luftschiffes, die die reine Entwicklungsphase überschritten haben. Seit September 1997 wird von Friedrichshafen aus der Zeppelin NT (Neue Technologie) für Passagier- und Überwachungsflüge erprobt. Innovative Antriebstechnik mit schwenkbaren Propellern und eine »handliche« Größe sind zwei Merkmale dieser Neuentwicklung. Die größte freitragende Halle der Welt ist in Brand südöstlich von Berlin entstanden. Sie soll einmal den CargoLifter 160 beherbergen, der für weltweite Schwertransporte geplant wird. 160 steht für 160 Tonnen Traglast, die das Pralluftschiff mit Kiel mittels besondere Ladetechnik an Bord nehmen und transportieren kann. Wann jedoch dieser Luftschiffriese, größer als die HINDENBURG, am Himmel erscheint, wird die Zukunft zeigen.

Die weltgrößte Halle für den geplanten Bau des CargoLifters 160 in Brand bei Berlin ist bereits fertiggestellt.

Wohl der genialste Luftschiffkonstrukteur seiner Zeit war Johann Schütte. Mit einer Vielzahl guter Ideen machte er den Luftschiffbetrieb sicherer und effektiver. Für ihn war die Luft

ein Medium ähnlich des ihm als Schiffbauer vertrauten Wassers. Mit seinem zweiten Luftschiff »SL II«, das er 1914 im Heeresauftrag baute, setzte er neue Maßstäbe für die Konstruktion von Starrluftschiffen. Gegenüber dem Luftschifftyp von Zeppelin zeichnete es sich durch eine aerodynamisch günstigere Tropfenform aus. Kreuzförmig angeordnete Steuer- und Stabilisierungsflächen am Heck optimierten den Idealfall für die Wirkung dieser Flächen für gutes Steuerverhalten des Luftschiffes, weil Schütte sie so dicht wie möglich an der Längsachse des Schiffes plazierte. Abgasschächte für austretenden Wasserstoff erhöhten die Betriebssicherheit. Weitere funktionale und effektive Neuerungen waren die Verlegung des Laufgangs ins Schiffsinnere, die paarweise seitliche Anbringung der Maschinengondeln am Schiffsrumpf und eine geschlossene Führergondel. Die komplexe Holzkonstruktion des verwindungssteifen und selbsttragenden Gerippes von »SL II« und der folgenden Luftschiffe von Schütte-Lanz führte allerdings zu einer längeren Bauzeit als bei den Zeppelin-Luftschiffen. Die Marine war wenig an Schütte-Lanz-Luftschiffen interessiert, da die hohlen Sperrholzgefache des Gerippes zu empfindlich auf Feuchtigkeit reagierten. Diese aerodynamische Schiffsform brachte Schütte aber den Ruf ein, die optisch elegantesten Luftschiffe zu bauen, und seine

Innenliegender Laufgang des Schütte-Lanz-Luftschiffs »SL 21« mit Wasserballastsäcken und Benzinbehältern

Stromlinienform löste die bis dahin bekannte »Zigarrenform« der Zeppeline ab.

Die Entwicklung von Maschinen und Motoren für den Antrieb, der Luftschiffe erst steuerbar machte, war ein besonderes Betätigungsfeld für die Ingenieure, das mit der Entwicklung der Luftschiffkonstruktion vordergründig nichts zu tun hatte. Beim allerersten Aufstieg eines Luftschiffes im Jahr 1852 benutzte Henri Griffard eine Dampfmaschine als Antriebsquelle, um seine 25 km lange Fahrt durchzuführen. Dampfmaschinen erwiesen sich für den Luftschiffantrieb als zu schwer und zu leistungsschwach. Erst der Verbrennungsmotor von Nikolaus Otto brachte ab 1876 Abhilfe. Zunächst kamen Benzinmotoren der Firma Gottlieb Daimler im Luftschiffbau zum Einsatz. »LZ 1«, das erste Luftschiff des Grafen Zeppelin«, hatte 1899 als Antrieb zwei Daimler-Motoren von je 14,2 PS. Bis 1910 lieferte die Firma Daimler die Motoren, die bereits eine Leistung von 120 PS erreichten. 1909 gründeten Zeppelin und der frühere technische Direktor der Daimler AG, Wilhelm Maybach, die Luftfahrzeug-Motoren GmbH., die zum wichtigsten deutschen Flugzeugmotorenhersteller wurde. Maybach-Motoren lieferten ab 1910 die Antriebskraft für die Luftschiffe von Zeppelin und Schütte-Lanz. Ständig weiterentwickelt, lieferte die Firma am Ende des Ersten Weltkrieges 260 PS starke, höhenflugtaugliche Motoren an die Luftschiffwerften.

Diese Motoren mußten eine Reihe von besonderen Anforderungen erfüllen: geringe Abmessungen und geringes Eigengewicht, große Zuverlässigkeit bei geringem Brennstoffverbrauch, vibrationsarmer Lauf, schnelles Anlassen und die Möglichkeit zum Umsteuern (Umschalten von Vorwärts- auf Rückwärtslauf ohne Getriebe). Wichtig war auch die Funktionstüchtigkeit bei geringem atmosphärischem Druck, er mußte höhenflugtauglich sein.

Um »leichter als Luft« zu werden, benötigten die Luftschiffe als Traggas in ihren Tragzellen entweder das unbrennbare Helium oder Wasserstoff. Helium blieb für deutsche Luftschiffer ein Traum, weil es das Edelgas in Deutschland nicht gab. Sie mußten sich statt dessen mit dem gefährlichen Wasserstoff zufrieden geben. Der konnte industriell hergestellt werden.

Für die Betriebssicherheit der Luftschiffe war das gasdichte Material der Gaszellen daher überlebenswichtig. Trat Wasserstoff durch dieses Material nach außen, dann vermischte es sich mit der Außenluft und bildete hochexplosives Knallgas. Vor dem Ersten Weltkrieg gingen mehrere Verkehrsluftschiffe verloren. Schließlich stellte sich heraus, daß die mehrschichtige Gummierung von Leinen oder anderen Geweben für gasdichte und elastische Gaszellen zu elektrostatischen Aufladungen in der Zelle führte und im ungünstigen Fall zur Explosion des Schiffes.

1909 erwarb daher die Zeppelin-Stiftung einen Gerbereibetrieb in Berlin-Tempelhof, die spätere »Berliner Ballonhüllen GmbH«, und ließ zunächst versuchsweise Stoffbahnen mit der sogenannten »Goldschlägerhaut« bekleben. Sie bestand aus der Oberhaut von Rinderdärmen, und ihre Bezeichnung deutet schon auf die frühere Nutzung dieses Materials hin. Nürnberger Goldschmiede verwendeten das feinporige

und reißfeste Material bei der Herstellung von Blattgold. Für die Gaszellen eines Luftschiffes waren rund 750.000 Rinderdärme nötig, um das Trägergewebe aus Baumwollstoffbahnen mit sieben Lagen »Goldschlägerhaut« zu bekleben.

Doppelte Gasdichtigkeit und keine elektrostatische Aufladung im Vergleich zu herkömmlichem Material machten die Luftschiffe damit sicherer, wesentlich leichter und auch tragfähiger. Gummierter Stoff wog pro Quadratmeter 240 Gramm, der mit »Goldschlägerhaut« bezogene nur 163 Gramm. Bald konnte der Bedarf an Rinderdärmen nicht mehr gedeckt werden. »Stoffhaut« aus mehreren Lagen Tierhäute, auf eine Gewebeunterlage geklebt, bildete den Ersatzstoff. Ende des Ersten Weltkrieges folgte die »Filmhaut«, ein Verbundstoff aus Baumwollgewebe und Kunststofffolie.

Gefüllt mit Wasserstoff, stellte jedes Luftschiff ein dauerndes Explosionsrisiko dar, wobei die Katastrophe des Luftschiffes »HINDENBURG« 1937 in Lakehurst uns am gegenwärtigsten ist. Anders, aber ebenso katastrophal war für die Luftschiffer der Kaiserlichen Marine der 5. Januar 1918. Der Luftschiffhafen Ahlhorn südlich von Oldenburg flog in die Luft. Fünf Luftschiffe explodierten und verbrannten in ihren Hallen. Ein tragisches Unglück, bei dem 15 Menschen getötet wurden und 144 schwere Verletzungen erlitten. Gegen das ausgebrochene Feuer und einen starken Wind quer zur Achse der Hallen war jeder Löschversuch zwecklos. Nacheinander gingen die Hallen in Flammen auf, und die Knallgasexplosionen zerstörten die gesamte Anlage. Für die anfangs vermutete Sabotage gab es damals keine Hinweise, die diesen Verdacht bestätigt hätten.

Ein Funke reicht, und Wasserstoff vermischt mit Luft zeigen ihre zerstörerische Explosionskraft. Ahlhorn nach dem 5. Januar 1918.

Als verabschiedeter Reitergeneral kannte Graf von Zeppelin ein militärisches Problem aus eigener Erfahrung: Kavallerieaufklärung im Gelände und Seeaufklärung zu Wasser waren allein von den optischen Begrenzungen abhängig, und je höher der Standort, desto mehr konnte ausgespäht werden. Sein Aufstieg in einem Beobachtungsballon während des amerikanischen Bürgerkriegs am 19. August 1863 stellte sich als Schlüsselerlebnis für seine späteren Aktivitäten heraus. Er hatte seine Luftschiffe nicht allein als Transportmittel im Kopf, sondern für ihn war der militärische Nutzen als Beobachtungsplattform, die in beliebiger Höhe am Himmel agieren konnte, zumindest genauso wertvoll.

Traditionelle Militärs, seit Jahrhunderten bodenständig und auf See an die Grenze der optischen Hilfen – zum Beispiel Ferngläser – gewöhnt, konnten sich mit den revolutionären Gedanken des Grafen nicht anfreunden. Besonders die kaiserliche Admiralität zeigte sich anfangs sehr zurückhaltend und wollte die Erfahrungen des Heeres mit der neuen Waffe abwarten. Erst 1913 beantragte das Reichsmarineamt die Aufstellung einer eigenen Luftschiff-Abteilung, und im Mai 1913 befahl Kaiser Wilhelm II. durch »Allerhöchste KabinettsOrdre« die Aufstellung der Marine-Luftschiff-Abteilung. Damit konnte die Kaiserliche Marine beginnen, in einem Fünfjahresplan die Beschaffung von zehn Luftschiffen zu verwirklichen.

Die deutsche Schlachtflotte unter Volldampf in Formation mit »L 1« als Aufklärer. Temperabild von Willy Stöwer von 1913

Als Hauptaufgabe der Marineluftschiffe sah die Marine-
führung die Fernaufklärung über See. Gegnerische Seestreitkräfte sollten entdeckt, beobachtet und gemeldet werden. Marineluftschiffe haben während des Ersten Weltkrieges fast 1.200 Aufklärungsfahrten vor allem über der
Nordsee durchgeführt.

Zunächst war nicht beabsichtigt, die Luftschiffe als Angriffswaffe einzusetzen. Doch die englische Blockadestrategie für
die lebenswichtigen Seewege nach Deutschland und die
relative Ohnmacht der Deutschen Flotte machten die Marineluftschiffe ab 1915 zu Bombenträgern und zur vermeint-
lich strategischen Waffe. Die Bombardierung britischer
Städte und militärischer Einrichtungen wurde zur Hauptaufgabe während des Krieges.

Die ersten beiden Jahre der neuen Luftschiff-Abteilung der
Kaiserlichen Marine forderten bittere Opfer und ließen auch
Zweifel am Nutzen der neuen Waffe aufkommen. So gingen
innerhalb weniger Wochen im Herbst 1913 die beiden ersten
Luftschiffe »L 1« und »L 2« mit schwer zu ersetzenden Perso-
nalverlusten durch Überforderung der Technik und Uner-
fahrenheit im Betrieb verloren. Die Kette der Verluste von
Marineluftschiffen auf Grund mangelnder Ausgereiftheit für
die Einsatzanforderungen sollte sich fortsetzen.

Nachbau der Führergondel eines Marine-Luftschiffes im
Maßstab 1:1. Ausstellungsstück im AERONAUTICUM.

Die angenehme Atmosphäre eines Sommersitzes war mit entscheidend für die Bestellung des ersten Luftschiffes der

Kaiserlichen Marine. Großadmiral von Tirpitz (1849–1930) hatte 1911 zum Gespräch gebeten und Alfred Colsmann (1878–1956), Geschäftsführer des Luftschiffbau Zeppelin, war es gelungen, ihn vom Nutzen der Luftschiffe für die Marine zu überzeugen. Am 17. Oktober 1912 übernahm die Marine das Luftschiff »LZ 14« und stellte es als »L 1« in Dienst. Obwohl die Neuerwerbung den gestellten Anforderungen des Reichsmarineamtes im wesentlichen entsprach,

Von Kaiser Wilhelm II. entworfen und von Marinemaler Hans Bohrdt ausgeführt. Gedenkblatt für Kapitänleutnant Hanne, Kommandant von »L 1«

stellten sich im Übungsbetrieb doch schnell Leistungsmängel heraus.

Dem ersten Aufstieg im Oktober 1912 folgten 67 Fahrten, die in erster Linie der Erprobung und Ausbildung von Besatzungen dienten. Sie zeigten, daß für die militärische Zweckerfüllung als Aufklärungsluftschiff mehr Tragfähigkeit und Motorleistung zu fordern waren.

Den ruppigen Wetterverhältnissen über der Nordsee war das Schiff nicht gewachsen, und so bestellte das Reichsmarineamt ein weiteres Luftschiff mit besseren Leistungsdaten.

Im September 1913 stieg »L 2«, 158 Meter lang, 16,6 Meter im Durchmesser und gefüllt mit 27.000 Kubikmeter Wasserstoff, zum ersten Mal in den Himmel, angetrieben von

180 PS starken Maybach-Motoren, die sich bewähren sollten. Am 9. September 1913 hatte das untermotorisierte Luftschiff »L 1« einen Kampf gegen Wetter und Wind verloren. Sein 68. Aufstieg im Rahmen eines Herbstmanövers der Flotte endete in den hochgehenden Wogen der Nordsee, in der Nähe von Helgoland. Nur sechs Mann der 20köpfigen Besatzung konnten gerettet werden, und der Tod von Korvettenkapitän Metzing, dem ersten Führer der Luftschiffe, wog besonders schwer für die junge Marine-Luftschiff-Abteilung. Kurz darauf, am 17. Oktober 1913, zogen Soldaten »L 2« aus der Luftschiffhalle in Berlin-Johannisthal. Eine Motorstörung verhinderte den sofortigen Aufstieg des Luftschiffes für eine vorgesehene Abnahmefahrt. Die Vertreter der Zeppelinwerft und der Admiralität sowie 14 Mann Besatzung warteten bei kräftiger Herbstsonne auf das Ende der Reparatur.

Nach einigen Stunden Sonneneinstrahlung hatte sich inzwischen das Traggas ausgedehnt und war unbemerkt aus der Hülle ausgetreten. Beim Start brachte das Einschalten eines Scheinwerfers das Knallgasgemisch zur Explosion. »L 2« stürzte aus 400 Meter Höhe brennend in die Tiefe. Alle 28 Insassen kamen dabei ums Leben, unter ihnen vier Gerettete des »L 1«. Die Marine-Luftschiff-Abteilung stand vor dem Nichts. Sie hatte wertvolles Personal und die einzigen einsatzbereiten Luftschiffe verloren.

Bis zur Klärung des Unfalls kam es zum Baustopp der sechs bereits bestellten Luftschiffe. Mit Ausbruch des Ersten Weltkrieges im August 1914 verfügte die Kaiserliche Marine mit dem in Nordholz stationierten »L 3« nur über ein einziges Luftschiff für den Kriegseinsatz.

Die Besatzung von »L 1« vor dem Einsatz. Am 9. September 1913 ging das Luftschiff in der Nordsee verloren.

In der Zeit vor und während des Ersten Weltkrieges stiftete Kaiser Wilhelm II. insgesamt sieben verschiedene Abzeichen, die an Marinesoldaten der Kaiserlichen Marine verliehen werden konnten. Auch diese Tätigkeits-, Leistungs- oder Erinnerungsabzeichen verdeutlichen die Zuneigung des Obersten Kriegsherrn für seine Lieblingswaffe, denn Armee und Fliegertruppe mußten sich mit nur fünf Abzeichen zufrieden geben.

Durch »Allerhöchste Kabinettsordre« befahl der Kaiser die Aufstellung einer Marine-Fliegerabteilung und einer Marine-Luftschifferabteilung am 3. Mai 1913. Knapp sechs Wochen später erfolgte bereits die Veröffentlichung über die Stiftung je eines Marine-Flugzeugführer- sowie Beobachterabzeichens. Im Marineverordnungsblatt Nr. 14/1913 fanden sich unter der Ziffer 101 Bestimmungen, die das Aussehen, Verleihungsvoraussetzungen, Trageweise und so weiter regelten. »… Das Abzeichen wird denjenigen Offizieren, Unteroffizieren und Mannschaften verliehen, die nach der Ablegung der beiden vorgeschriebenen Prüfungen für Flugzeugführer und nach Vollendung ihrer Ausbildung auf einer Militärfliegerstation das Befähigungszeugnis als Militärflugzeugführer erworben haben. Von dem Beliehenen ist das Abzeichen so lange zu tragen, als er zum Flugzeugführer im Felde geeignet ist …« Die vier Marineabzeichen für Seeflieger, Landflieger, Beobachter und Schützen, von denen zwei in der See- und Marineflieger-Abteilung des AERONAUTICUMS

Erinnerungsabzeichen für die Besatzungsmitglieder von Marine-Luftschiffen, gestiftet 1920

ausgestellt sind, waren reine Tätigkeitsabzeichen, die zur Verleihung bestimmte Fähigkeiten voraussetzten. Nach mindestens dreijähriger Dienstzeit als Militärflugzeugführer oder Beobachter durften Marinepiloten und Beobachter beim Ausscheiden aus dem aktiven Flugdienst jeweils ein Erinnerungsabzeichen tragen.

Für Marineluftschiffer hat es solche Abzeichen während des Krieges nicht gegeben. Der Erste Weltkrieg war zu Ende, und die Luftschiffer, die erhöhte Aufmerksamkeit aller Seiten erfahren hatten, standen ohne ein ehrendes Abzeichen da. Das Kriegsende hatte die Vorbereitungen zur Stiftung eines entsprechenden Abzeichens zunichte gemacht. Ehemalige Angehörige dieser Waffe regten die Schaffung von Erinnerungsabzeichen an, die dann Reichswehrminister Otto Geßler (1875–1955) am 1. August 1920 für die Besatzungen der Heeres- und Marine-Luftschiffe stiftete (siehe Stiftungserlaß in der Ausstellung).

Das Abzeichen der Marine-Luftschiffer zeigt ein Luftschiff über einem Loorbeer- und Eichenlaubkranz. Bemerkenswert ist der Gegensatz zum Heeres-Luftschifferabzeichen. Die Kaiserkrone zierte auch 1920 noch das Marineabzeichen. Die Abzeichen der Heeres-Luftschiffer und die der Marine-Luftschiffer kosteten damals 7,50 Mark, ein stattlicher Preis. Sie sind viele Jahre nach dem Ersten Weltkrieg vom Ordenshandel in den unterschiedlichsten Ausführungen angeboten worden.

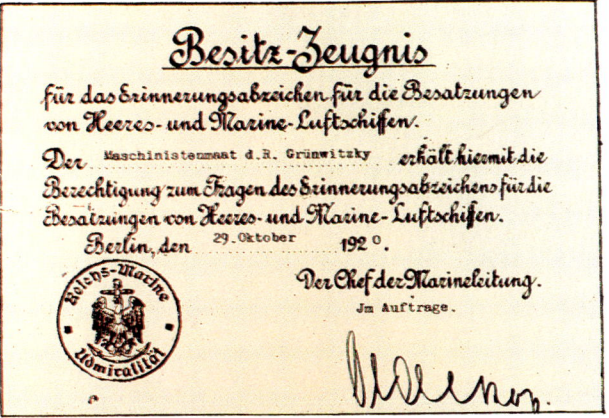

Besitzzeugnis, mit dem sich der Beliehene das Abzeichen im Handel beschaffen durfte.

Neben den taktischen Aufklärungseinsätzen und -erfolgen der Luftschiffe über der Nordsee im Ersten Weltkrieg ist ein strategischer Aspekt in der Kriegführung mit der neuen Waffengattung damals überbewertet worden: die Bombenangriffe auf die Britischen Inseln im Geschwader. Mehrere Luftschiffe griffen dann gleichzeitig ein Ziel an. Damit war eine erhebliche psychologische Wirkung erreicht, die auch entsprechende Kräfte auf der Insel für Gegenmaßnahmen erforderlich machte. Diese fehlten an der Landfront in Frankreich. Kriegsentscheidend, auch nur ansatzweise, waren diese Angriffe nicht. Für den taktischen Einsatz im Aufklärungsdienst der Flotte gab es interessante Erfolgsbeispiele, die den technischen Möglichkeiten der Zeit entsprachen. Erst viele Jahre nach dem Ersten Weltkrieg konnte das Flugzeug diese Aufgaben übernehmen. Da die Luftschiffe große Strecken in relativ kurzer Zeit zurücklegten, dabei stoppten und beobachtete Objekte genau untersuchten und mit Bojen markierten, waren sie hervorragend zur Minensuche geeignet. So entdeckte zum Beispiel das Luftschiff »L 5« am 25. Mai 1915 in der Nordsee 368 Minen. Auch die Versenkung eines eng-

Luftschiffbombe von 300 Kilogramm Gewicht. Rund 275 Tonnen Bomben gingen im Laufe des Ersten Weltkrieges auf englische Städte nieder.

lischen U-Bootes durch eine von »L 31« geworfene Bombe und der Aufklärungserfolg im Vorfeld der Seeschlacht vor dem Skagerrak ist bemerkenswert. Die Marine-Luftschiff-Abteilung entsprach hier ihrer eigentlich taktischen Aufgabe im Zusammenwirken mit den Seestreitkräften.

Die seestrategische Situation in der Nordsee ließ die deutschen Schlachtschiffe unter Bereitschaft in den Häfen verbleiben. Ihr taktischer Partner, die Luftschiffe, suchten sich deshalb weitere »Betätigungsfelder«. Vorwiegend in dunklen Neumondnächten fuhren die Marine-Luftschiffe während des Krieges Angriffe, davon allein 33 im Geschwader, gegen englische Städte und warfen rund 275 Tonnen Bomben ab. Die Bombenwürfe sollten die englische Bevölkerung vor allem in Angst und Zweifel über eigene Abwehrmöglichkeiten versetzen und damit die Moral und die Kampfkraft schwächen. Tatsächlich konnte dieses Ziel aber nicht erreicht werden. Die moralischen, militärischen und wirtschaftlichen Auswirkungen blieben gering oder waren sogar kontraproduktiv.

Mit »Babykiller« titulierte die englische Propaganda die deutschen Luftschiffbesatzungen und schlachtete ihren Zorn über die nächtlichen Angriffe auf englische Art und Weise aus. Letztlich konnte so die Bevölkerung noch besser in den Kampf gegen das Deutsche Reich eingebunden werden. Gerieten abgeschossene oder abgestürzte Luftschiffsoldaten in Gefangenschaft, hatten sie mit starken Ressentiments in der englischen Bevölkerung zu rechnen, bis hin zum konkreten Fall des Ertrinkenlassens, wie das nächste Kapitel zeigt.

»L 42« kurz vor der Landung auf dem Marine-Luftschiffplatz Nordholz

In seiner bis heute unveröffentlichten Autobiographie berichtet der damalige Kommandant des deutschen Torpedobootes »G 41« von einem Geschehen, dem wir Rettungsring und Flagge des KING STEPHEN verdanken. »Im Morgengrauen des 25. April 1916 sah ich beim Ablaufen von der englischen Küste, nach unserem Unternehmen gegen Lowestoft und Yarmouth, ein Fahrzeug, erbat und erhielt die Erlaubnis, es zu untersuchen und stand vor dem völlig überraschten englischen Vorpostenboot KING STEPHEN, das uns für einen Engländer gehalten hatte.

Die Besatzung kam der Aufforderung, sich zu ergeben und an Bord ›G 41‹ zu kommen, mit nicht zu überbietender Geschwindigkeit nach, worauf ich das Fahrzeug mit Sprengpatronen und Granaten versenken ließ. Keine besondere Tat, aber ein guter Fang! Denn der englische Fischdampfer hatte wenige Zeit vorher die Besatzung unseres Luftschiffes ›L 19‹ einfach ertrinken lassen. So war die Freude in der Flotte groß, und der Heeresbericht erwähnte das Ereignis. Die Gefangenen lieferte ich in der Heimat ab.

Die Frage mancher Kameraden, warum ich die Gefangenen, die an dem Tode der Besatzung ›L 19‹ schuldig waren, nicht umgebracht hätte, konnte ich nur dahingehend beantworten, daß ich keine Henkersdienste verrichten wollte.«

Vom damaligen Kapitänleutnant Hermann Boehm (1884–1971), dem späteren Flottenchef der Kriegsmarine von 1938 bis 1939 und Oberbefehlshaber des Marineoberkommandos Norwegen von 1940 bis 1943, stammen diese Sätze. Er brachte auch den Rettungsring und die Flagge als Trophäen mit nach

Hause. Auf dem ursprünglich roten, zeitgenössisch weiß übermalten Korkring ist der Name des Fischdampfers mit so tragischer Berühmtheit aufschabloniert. Das als Vorpostenboot eingesetzte Fahrzeug mit der Kennung CY 1174 soll nach dem Vorfall mit »L 19« aus der dauernden Liste aller englischen Schiffe gestrichen worden sein. Nachträglich erhielt der Ring noch das Versenkungsdatum des Fischdampfers 25.4.16 und die Bezeichnung seines Bezwingers »G 41«.

Das große Torpedoboot traf übrigens genau ein Jahr nach seinem Stapellauf, am 24. April 1915, auf die KING STEPHEN. Es gehörte zu den modernsten Booten der Kaiserlichen Marine und war seit dem 14. Oktober 1915 in Dienst. Alle Torpedoboote der Kaiserlichen Marine trugen einen Buchstaben, das Kürzel der Bauwerft, in diesem Fall »G« für Germaniawerft Kiel, und eine laufende Nummer als Benennung.

Red Ensign (britische Handelsflagge) und Rettungsring, seinerzeit als Erinnerungsgeschenke von seiner Torpedoboots-Besatzung überreicht, haben im Besitz von Generaladmiral Hermann Boehm die Zeit und vor allem den Zweiten Weltkrieg überstanden. Sie gelangten in den Sammlungsbestand der Marineschule Mürwik und sind von dort aus dem AERONAUTICUM übergeben worden.

Diorama des tragischen Geschehens um »L 19« im Morgengrauen des 2. Februar 1916 im AERONAUTICUM

Im April 1917 hatte die Marine-Luftschiff-Abteilung eine Personalstärke von 5965 Mann. Davon gehörten nur 760 Offiziere, Unteroffiziere und Mannschaften zu den 33 aktiven Fahrbesatzungen. Weit über 5000 Mann waren notwendig, um die Luftschiffe in die Luft und nach dem Einsatz wieder in die schützenden Hallen zu bekommen.

Bevor ein Luftschiff starten konnte, mußte es von seinen Haltemannschaften aus der Halle getragen werden. Obwohl ein Luftschiff mit Zuladung häufig mehr als 50 Tonnen wog, war es durch den Gasauftrieb in den Zellen »leichter als Luft«, und ein einziger Mann reichte aus, um einen solchen Riesenkörper anzuheben. Für diesen labilen Körper in der Nähe einer fest gebauten Halle konnte jeder Windstoß verhängnisvolle Folgen haben. Mindestens 200 Mann in einem eingespielten Kommando mußten ihre Kräfte zusammennehmen, um ein Schiff aus- und nach der Rückkehr wieder einzuhallen.

Zwischen 14 und 22 Mann Besatzung, abhängig vom Schiffstyp, fuhren die Einsätze auf einem Luftschiff. Die typische Mannschaft bestand aus Kommandant und Wachoffizier, zwei Deckoffizieren, die als Steuermann und Leitender Maschinist Dienst taten, und einer entsprechenden Anzahl von Maaten als Höhensteuerer (2), Seitensteuerer (2), Maschinisten (einer je Motor), Funker (2) sowie ein Segelmacher für Reparaturarbeiten an der Außenhülle und den Gaszellen.

Die aktiven Besatzungen, von denen die Unteroffiziere und Mannschaften ein ovales gesticktes Luftschifferabzeichen am Oberärmel trugen, blieben in der Regel zusammen. Sie wechselten somit auch geschlossen auf ein neues Schiff über.

Vom vorderen Raum der Führergondel, der »Kommandobrücke«, erfolgte die Steuerung des Schif-

Haltemannschaften bugsieren ein Luftschiff auf eine »Laufkatze«.

fes. Nach den Befehlen des Kommandanten oder des Wachoffiziers steuerten die Höhensteuerer das Schiff vertikal und die Seitensteuerer horizontal. Seitliche Winde oder starker Wind von vorn ließen das Schiff zur Seite treiben oder nicht von der Stelle kommen. Idealer Wind für optimale Fahrt kam für Luftschiffer von hinten.

Durch den kontinuierlichen Verbrauch von Treibstoff verminderte sich laufend das Gesamtgewicht des Luftschiffes, Bombenabwürfe veränderten das Gewicht zusätzlich schlagartig. Dieser Lastverlust bewirkte neben einer Instabilität das abrupte Aufsteigen des Luftschiffes. Durch den geschickten Einsatz von Wasserballast in Zusatztanks an Bug und Heck mußte das Luftschiff daher ständig getrimmt werden.

Navigiert wurde nach »gekoppelten Kursen«, dem noch in den Anfängen stehenden »Funkpeilverfahren« oder mit Hilfe astronomischer Navigation mit dem althergebrachten Sextanten. Die Höhenmessung erfolgte mit dem Barometer oder dem Barographen.

Ab 1909 stellte die Firma Maybach besondere Motoren her, die die Antriebskraft für die Luftschiffe von Zeppelin und Schütte-Lanz lieferten. Mit dem Maybach-Motor MB IVa entwickelte die Firma 1916 einen 260 PS starken, höhenflugtauglichen Motor, der es erlaubte, die gegnerische Bodenluftabwehr zu übersteigen.

II. MARINE - LUFTSCHIFF - ABTEILUNG. II.

II. MARINE - LUFTSCHIFF - ABTEILUNG. II.

Mützenbänder für »seemännisches« Personal in Gold und technisches Personal in Silber

»Bei der Abfahrt hatten wir 30 Grad Wärme. Wenige Stunden später in rund 5000 Meter Höhe bibberte man. Das Thermometer zeigte fast 30 Grad minus!« Was Kapitänleutnant Dietrich hier berichtete, war bei den Aufklärungsfahrten und Geschwadereinsätzen der Marineluftschiffe über England fast die Regel. Besonders die Männer auf der Ausguck- und Maschinengewehrplattform auf dem First des Luftschiffes hatten unter den Temperaturen zu leiden. Mutterseelenallein, nur durch ein Sprachrohr mit der Führergondel verbunden, mußten sie dem Fahrtwind und der Kälte trotzen. Dick verpackt mit wollenem Unterzeug, Marineuniform, Lederzeug und Pelz hatten die Ausguckposten Schwierigkeiten, sich durch den engen, mehr als 20 Meter hohen Steigeschacht auf die Plattform zu zwängen. Handschuhe, Filzschuhe und besonders dicke Kopfschützer ge-hörten genauso zur Ausrüstung wie Schutzbrille, Doppelglas und der Draegersche Sau-erstoffapparat.

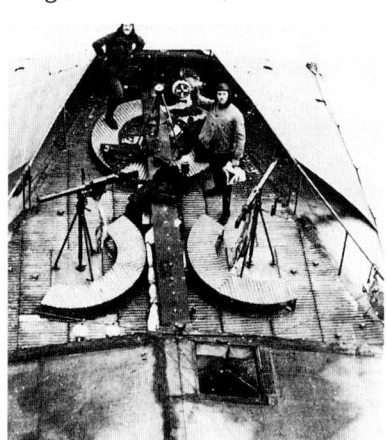

Wenn dann der Angriff auf London begann und die Abwehr mit Schein-werfern nach den Luftschiffen griff, begann das hef-tige Feuer der Ge-

In luftiger Höhe, Ausguck und Waffenstand von »L 42«

schütze vom Boden aus. Granaten explodierten in der Nähe und perforierten die Hülle. Traggas entwich und verband sich mit der Luft zur gefährlichen Knallgasmischung, bei der jeder Funke das Ende bedeutete.

Dieser tödlichen Gefahr konnten die Luftschiffe nur durch Höhe entgehen, und so stiegen die Schiffe immer höher, in der Entwicklung gefolgt von den Flugzeugen, die ab September 1916 zum eigentlichen Gegner der Luftschiffe wurden. War den englischen Piloten mit ihren Maschinen durch mühseliges Steigen die Annäherung gelungen, setzten sie die neue Brandmunition ein.

James Francis Buckingham, Chemiker aus Coventry, hatte die mit Phosphor ummantelten Geschosse schon 1914 entwickelt, sie wurden aber erst ab 1916 in Serie produziert. Zusammen mit den Lewis-Maschinengewehren, die in die britischen Flugzeuge so eingebaut wurden, daß sie bis zu 45 Grad nach oben schießen konnten, waren die neuen Geschosse die entscheidende Waffe gegen die deutsche Luftschiffbedrohung.

Beschuß mit normaler Munition konnte ein Wasserstoff gefülltes Luftschiff durchaus überstehen, doch mit der Brandmunition beschossen kam es mit tödlicher Sicherheit zum Absturz, als brennende Fackel.

»L 31« gehörte zu den ersten Luftschiffen, die Opfer der neuen englischen Waffe Anfang Oktober 1916 wurde. Bereits eine Woche vorher waren die Schwesterschiffe »L 32« und »L 33« durch Brandmunition abgeschossen worden, ohne daß die deutschen Stäbe die drohende Gefahr sofort erkannt hatten. Gegen diese Abwehrwaffe der Engländer gab es nur ein Rezept. Die Luftschiffe mußten den Flugzeugen davonsteigen. Es kamen die sogenannten »Höhenkletterer« zum Einsatz, Luftschiffneubauten von 1917, die wie »L 48« bis zu 3,2 Millionen Mark (ca. 22,4 Mill. DM) kosteten. Sie waren von Beginn an in Nordholz stationiert.

Gefährliche Gegner der Luftschiffe: Flugzeuge und Brandmunition. Diorama im AERONAUTICUM

Am 30. August 1917 besuchte der Chef der Hochseeflotte Admiral Scheer (1863–1928) den Führer der Marine-luftschiffe Fregattenkapitän Peter Strasser (1876–1918) in Ahlhorn, um ihn den vom Kaiser verliehenen Orden »Pour le mérite« zu überreichen. Er selbst hatte Strasser für die höchste preußische Tapferkeitsauszeichnung vorgeschlagen. In seiner Begründung hieß es: »… unbekümmert um Ansichten und Meinungen Außenstehender, hat er zäh an seinem Ziel festgehalten. Er hat die Waffe rein durch seine persönliche Einwirkung auf den Stand der Angriffsfähigkeit gebracht … kein neuer Verlust, keine durch die feindliche Abwehr immer gefährlicher werdende Aufgabe hat den unentwegten Angriffsgeist der Besatzungen brechen können. Das ist der Einwirkung und dem rücksichtslosen Einsetzen der eigenen Person des Führers zu verdanken! …«

In der Endphase des Ersten Weltkrieges erfolgte der letzte Geschwaderangriff fünf deutscher Marine-Luftschiffe gegen England in der Nacht des 5. August 1918. Fregattenkapitän Peter Strasser führte den Angriff persönlich von Bord des Luftschiffes »L 70«. In 5200 Meter Höhe über der Nordsee vor Cromer in Norfolk wurde »L 70« durch ein Flugzeug vom neuen Typ DH 4 des Royal Flying Corps angegriffen. Das Luftschiff war chancenlos und stürzte sofort brennend ins Meer. Es gab keine Überlebenden. Vom beobachteten Tod ihres Führers der Luftschiffe er-schüttert, warfen die übrigen Besatzungen ihre Bomben ab und kehrten zu ihren Luftschiff-plätzen zurück.

Gehörte Peter Strasser mit zu den letzten Gefallenen der Marineluftschiffer, so war Heinrich Mathy seinerzeit der populärste Offizier der Truppe, der als Kommandant des »L 31« den Flammentod starb.

»… Während ich feuerte, bemerkte ich, wie das Luftschiff innen rot erglühte wie ein riesenhafter Lampion, und dann schoß eine Flamme aus dem Vorderteil und bestätigte mir, daß es in Brand gesetzt war. Das Luftschiff schoß etwa 60 Meter hoch, stand still und kam stehend auf mich zu, bevor ich Zeit hatte, aus dem Weg zu gehen. Ich machte mit allen Mitteln einen Sturzflug, … als der Zeppelin fauchend wie ein Hochofen hinter mir vorbei-

Kapitänleutnant Heinrich Mathy in der Führergondel von »L 31«

schoß. Ich richtete meine Maschine auf und beobachtete, wie das Luftschiff mit einem Funkenregen zu Boden fiel …« Leutnant W. J. Tempest, Pilot des britischen Flugzeuges, dem der Abschuß gelang, berichtete hier vom Ende des »L 31«. Nach erbittertem Kampf gelangte er in den toten Winkel der Maschinengewehre unterhalb des Luftschiffes und konnte die todbringende Salve der neuen Brandmunition abschießen.

Am 14. Juli 1916 unter Kapitänleutnant Heinrich Mathy in Dienst gestellt, fuhr »L 31« in der Nacht vom 1. auf den 2. Oktober 1916 mit zehn weiteren Luftschiffen einen Geschwaderangriff gegen London. Mathy versuchte, den britischen Verteidigungsring mit gedrosselten Motoren unbemerkt zu durchbrechen. Der Bodenabwehr konnte er entkommen, nicht aber den Flugzeugen, die Jagd auf die Luftschiffe machten. Nach 15 Angriffsfahrten ereilte Mathy – von dem es hieß, er sei der erfolgreichste deutsche Luftschiffkommandant gewesen – und seine Besatzung das Schicksal über Potters Bar. Alle 19 Besatzungsmitglieder verbrannten in dem abstürzenden Luftschiff. Briefe und Kondolenzpost an die Witwe des Kapitänleutnants Heinrich Mathy gehören zum Bestand des AERONAUTICUMS und sind besonders ausgestellt.

Für den Abwurf von Bomben – aber auch zur eigenen Stand-
ortbestimmung durch die Wolkendecke hindurch – benötigte die Luftschiffbesatzung Bodensicht. Kam das Luftschiff
durch tiefhängende Wolken, bestand immer die Gefahr der
massiven Bodenabwehr, sobald das Schiff durch die Wolken
stieß. Abhilfe sollte der Spähkorb schaffen. Während das
Luftschiff in den Wolken fuhr, hing unter ihm der Beob-
achtungskorb am ausgefahrenen Stahlseil. Knapp unter der
Wolkengrenze gehalten, vom Boden so gut wie nicht erkennbar, gab der einsame Beobachter im Korb seine Meldungen
über wichtige Wahrnehmungen über ein Feldtelefon an den
bis zu 1500 m über ihm fahrenden Kommandanten seines
Luftschiffes.

Beim ersten eingesetzten Spähkorb handelte es sich noch
um einen eiförmigen Korb aus Weidengeflecht mit Stoffbe-
spannung. Erst später wurden daraus die aerodynamisch
gestalteten Formen mit Seitenrudern zum Kurshalten, wie es
das Beispiel des nachgebauten Spähkorbs vom Heeresluft-
schiff »LZ 90« im AERONAUTICUM zeigt.

Eine Luftschiffaktion ganz besonderer Art machte das Marineluftschiff »L 23« bekannt, als seine Besatzung ein Was-
serfahrzeug als Prise aufbrachte. Am 23. April 1917 sichtete
der Kommandant des »L 23«, Kapitänleutnant Bockholt, im
Gebiet der Doggerbank ein Segelschiff, das er mit seinen
Maschinengewehren im Anschlag zum Stoppen aufforderte.
Mit ihrem Beiboot mußten Männer der norwegischen Bark
»ROYAL« ein rasch zusammengestelltes Prisenkommando
vom Luftschiff abholen, das die Ladung des Seglers über-
prüfte. Die Bark hatte sogenannte »Konterbande«, in diesem

**Nachbau im Maßstab 1:1 des Spähkorbes vom Heeres-
luftschiff »LZ 90« im AERONAUTICUM.**

Fall Grubenholz für England, geladen. Daraufhin wurden Schiff und Ladung beschlagnahmt und als Prise nach Cuxhaven gebracht.

Insgesamt acht Angriffe gegen England und 51 Aufklärungsfahrten verzeichnete die Einsatzliste von »L 23«, bis das Luftschiff das Schicksal westlich von Jütland ereilte. Ein Bordflugzeug des englischen Kreuzers »YARMOUTH« schoß das Luftschiff ab. Kein Mann der Besatzung unter der Schiffsführung des neuen Kommandanten Oberleutnant zur See Dinter überlebte

Am Nachmittag des 17. Juni 1917 stieg »L 48« unter dem Kommando des Kapitänleutnant der Reserve Eichler zu einem Geschwaderangriff gegen England auf, mit an Bord der Geschwaderführer, Korvettenkapitän Schütze. Der Angriff richtete sich gegen London und gegen Ausweichziele wie Harwich, das »L 48« bombardierte. Auf der Rückfahrt nach Nordholz erfolgte nach Kompaßausfall und Motorschaden südlich von Yarmouth der Angriff von vier britischen Flugzeugen auf das Luftschiff. Lieutenant Watkins, ein Kanadier, dem dann der Abschuß von »L 48« zugesprochen wurde, flog mit seiner B.E.12 über Harwich in ungefähr 700 Meter Höhe, als er das Luftschiff im Licht der Suchscheinwerfer entdeckte. Mühsam zog er seine Maschine auf etwa 4000 Meter und eröffnete mit Brandmunition das Feuer. Einen Monat nach seiner Indienststellung stürzte der Zeppelin brennend ab. Wie durch ein Wunder überlebten ein Wachoffizier und zwei Unteroffiziere den Sturz aus 5200 Meter Höhe. Einer von ihnen erlag mehr als ein Jahr später, am Tage des Waffenstillstandes 1918, seinen Verletzungen.

Wrack des »L 48« in Theberton/Suffolk, Soldaten sichern es gegen Schaulustige.

100 Luftschiffe hatte die Luftschiffbau Zeppelin GmbH bereits gebaut, und das Schicksal von »LZ 101« wäre ohne die Nacht des 19. Oktobers 1917 nicht besonders erwähnenswert. Als Marineluftschiff »L 55« fuhr es ab September 1917 lediglich zwei Angriffe gegen England. Sein erster Angriff führte vom Luftschiffplatz Ahlhorn gegen die Batterien von Skinningrove.

Beim zweiten Angriff im Geschwader, am 19. Oktober, geriet das Schiff über der englischen Küste unter schweren Beschuß und trieb in Richtung Westfront ab. Um das Artilleriefeuer der Front zu überwinden, ließ Kapitänleutnant Flemming sein Schiff auf 7600 Meter steigen und stellte damit eine bis heute ungebrochene Weltrekordhöhe für Luftschiffe auf. Während des ungewollten Höhenfluges fiel die Besatzung in Ohnmacht. Sie wachte erst in ihrem zu Bruch gegangenen Luftschiff wieder auf. Bei Tiefenort in Thüringen sank das Luftschiff auf den Boden, bis dahin hatte der Treibstoff gereicht. Das schwer beschädigte Luftschiff mußte vor Ort abgewrackt werden.

Einen weiteren Rekord, durch die Zwänge des Krieges entstanden, stellte L 59 auf. Als einzige Truppe in den deutschen Kolonien hatten sich die des Generals Paul von Lettow-Vorbeck in »Deutsch-Ostafrika« bis Ende 1917 gegenüber den Briten gehalten. Die Versorgung über See war unmöglich und nötiger Nachschub an Waffen, Munition und Medikamenten sollte aus der Luft kommen. »Chinasache« hieß das Codewort für die streng geheime Aktion des Reichsmarineamtes. »L 57«, das erste Afrikaluftschiff, wurde um zwei zusätzliche Gaszellen auf 226,5 m verlängert und mit fünf Maybach-Motoren ausgestattet. Es zerbrach beim Einhallen am 7. Oktober 1917 an der Halle in Jüterbog.

Trauriges Ende auf dem Acker, Bruchlandung von »L 55« bei Tiefenort in Thüringen

Mit einem Kraftakt erfolgte der Umbau von »L 59« zum »Afrikaluftschiff«, und am 3. November 1917 verlegte Kapitänleutnant Bockholt das Luftschiff von Staaken bei Berlin ins bulgarische Jambol, dem Ausgangspunkt der Langstreckenfahrt. Das Schiff sollte nach der Landung in Afrika »ausgeschlachtet« werden. Ein Teil der Gaszellen konnte als Verbandsstoff, Teile der Außenhülle zu Zelten und der Laufgang aus Kernleder zu Schuhen verarbeitet werden. Bestimmte Stücke des Schiffsgerippes waren als Krankentragen oder Funkmasten vorgesehen. Neben dieser »wieder verwendbaren Transportverpackung« hatte das Luftschiff eine große Menge Munition, Maschinengewehre, Ersatzteile, Medikamente, Verbandsstoffe, Post und die während der Fahrt benötigten Verbrauchs- und Ballaststoffe mit einem Gesamtgewicht von 48.362 kg an Bord.

Am 21. November 1917 startete »L 59« von Jambol mit Ziel Tanganjika, dem heutigen Tansania. Auf der Höhe von Karthum im Sudan erreichte »L 59« per Funktelegraphie der Befehl zur Umkehr. Die deutschen Truppen hätten sich in das benachbarte »Portugiesisch-Ostafrika« zurückgezogen und wären dort interniert worden. Eine Falschmeldung, wie sich später herausstellte. Das Luftschiff kehrte um und am 25. November zum Ausgangsplatz Jambol zurück. Während der 95stündigen Fahrt hatte »L 59« mit 6757 km einen Streckenrekord für Luftschiffe aufgestellt, womit es zum Wegbereiter des späteren zivilen transatlantischen Luftschiffverkehrs wurde. Von einem deutschen U-Boot beobachtet, stürzte »L 59« am 7.4.1918, ohne ersichtlichen Grund, in der Nähe von Malta brennend in das Mittelmeer. Alle 23 Männer der Besatzung fanden den Tod.

Führergondel von »L 59«, das »Afrika-Luftschiff« vor dem Start

Nach dem 6. November 1918 wehten auch auf dem Luftschiffplatz Nordholz die roten Fahnen der Revolution. Auf Anordnung des »Cuxhavener Arbeiter- und Soldatenrates«
besetzten die Matrosen und Soldaten die Munitions- und Waf-
fenkammern, alle Funk- und Telegrafenstationen und das
Stabsgebäude. Am Abend desselben Tages stellten sie sämtliche Offiziere unter Hausarrest. Nachdem am 9. November
die Meldung von einem englischen Vorstoß gegen die deutsche Küste die Runde machte, setzte der »Soldatenrat« die
Offiziere wieder in ihre Funktionen und Befugnisse ein – die
Nachricht erwies sich später als Falschmeldung. Von echten
Revolutionären konnte bei den Marinesoldaten in Nordholz
nicht die Rede sein. Die Forderungen des »Soldatenrates«
unter seinem Vorsitzenden Maat Fuhrmann waren bezeich-
nend: Abkommandierung zweier mißliebiger Offiziere, glei-
che Verpflegung für Offiziere und Mannschaften, Abgabe
von Alkoholbeständen des Offizierscasinos an die Kantine
gegen Werterstattung, wenn möglich Beschaffung größerer
Mengen Tabak für die Kantine, Kontrolle des gesamten Ge-
schäftsverkehrs des Führers der Luftschiffe, der Abteilung
und der Trupps durch Vertreter des Soldatenrates.
In weiteren Verhandlungen mit den Offizieren sprach sich
der »Soldatenrat« für Beibehaltung der Grußpflicht, Auf-
rechterhaltung vollkommener Ordnung auf dem Platze und
strengste Bestrafung etwaiger Belästigung von Offizieren
aus. Die Entfernung der roten Flaggen und Zurückgabe der
Waffen und Munition wurde zugesagt.

Mit dem Waffenstillstand vom 11. November 1918 endete der Erste Weltkrieg und gleichzeitig die militärische Verwendung von Luftschiffen in Deutschland. Am 11. August 1918 war »L 53« als letztes deutsches Luftschiff im Einsatz abgeschossen worden, und am 12. Oktober hatte »L 63« die letzte Einsatzfahrt eines Marine-Luftschiffes durchgeführt. Die noch verbliebenen wasserstoffleeren Luftschiffe hingen danach – vom Traggas weitestgehend entleert – unter den Dächern ihrer Luftschiffhallen und erwarteten die Entscheidung der Sieger über ihre weitere Verwendung.

Der Friedensvertrag von Versailles verbot dem Deutschen Reich, Luftstreitkräfte irgendwelcher Art zu unterhalten, und verfügte die Auslieferung der Luftschiffe an die Siegermächte. Wenige Tage vor der Vertragsunterzeichnung, nach der die Auslieferung der Schiffe der Hochseeflotte erfolgen sollte, versenkten die internierten Besatzungsmitglieder in Scapa Flow ihre Schiffe selbst am 21. Juni 1919. Nach diesem »patriotischen« Signal drangen am 23. Juni 1919 Marineluftschiffer in Nordholz und Wittmundhaven in die Hallen ein und durchschnitten die Haltetaue der dort aufgehängten Luftschiffe. In Nordholz stürzten fünf und in Wittmundhaven zwei Luftschiffe auf die Hallenböden und zerbrachen. Als endgültig letzten Akt militärischer Luftschiffahrt in Deutschland meldete die Marine-Luftschiff-Abteilung am 11. Januar 1920 nach Berlin: »Luftschiffabteilung ist mit dem heutigen Tage mit Flaggenparade aufgelöst worden!«

Für den Luftschiffbau eröffnete die Zerstörung der Marineluftschiffe jedoch die Chance zum Weiterbauen. Amerika hatte kein Reparationsluftschiff erhalten. Hugo Eckener, Vorsitzender des Zeppelin-Konzerns, bot den Amerikanern statt der Geldforderung ein neu gebautes, großes Luftschiff an. Die Amerikaner willigten ein, und Eckener rettete so sein Unternehmen vor dem Ruin.

»L 63« und »L 42«, zerbrochene Marineluftschiffe auf dem Hallenboden der Doppelhalle »NOGAT« in Nordholz

Beim Aufstieg des »LZ 1«, dem ersten Luftschiff des Grafen Zeppelin, am 2. Juli 1900 hielt sich das positive Presseecho in Grenzen. Es überwog die Skepsis, und der Friedrichshafener Korrespondent der Frankfurter Zeitung, Dr. Hugo Eckener (1868–1954), war von seiner späteren Begeisterung für Zeppelins Ideen noch weit entfernt. Es vergingen noch einige Jahre, in denen Zeppelin, finanziell mit dem Rücken an der Wand, gegen seine Kritiker die Luftschiffidee verteidigen mußte. Da das Militär sich für Luftschiffe noch nicht interessierte, mußten die »neuen Eliten« des Kaiserreiches durch die Presse zur »Zeppelin-Begeisterung« motiviert werden.

1907 kam der Durchbruch für Graf Zeppelin und seine Luftschiffe. Hugo Eckener nahm zusammen mit Zeppelin an einer Probefahrt des »LZ 3« teil. Sie lernten sich näher kennen, und Eckener gab einen sachkundigen Bericht ab, der sich wohltuend von dem üblichen Sensationsgeschreibe seiner Kollegen unterschied. In der Folge des »glücklichen Unglücks« von Echterdingen, bei dem »LZ 4« verbrannte und ein spontaner Spendenaufruf 6 Millionen Mark erbrachte, gelangte Eckener in die Geschäftsleitungen der Zeppelin-Stiftung. Dazu wurde er Prokurist der Deutschen Luftschiffahrts-Aktien-Gesellschaft, dem ersten Passagierflugunternehmen der Welt. Parallel ließ sich der erfahrene Yachtsegler zum Luftschiffkommandanten ausbilden. Mit Beginn des Ersten Weltkrieges stellte er sich sofort der Marine-Luftschiffabteilung als Ausbilder der Luftschiffbesatzungen zur Verfügung. Alle Luftschiffkommandanten in Nordholz haben von ihm das Fahren der Marine-Luftschiffe gelernt. Nach dem verlorenen Ersten Weltkrieg kam Dr. Hugo Ecke-

Hugo Eckener als Symbolfigur. Original der Kreidezeichnung als Plakatvorlage von Heinz Wever im AERONAUTICUM

ners große Zeit, die ihm ungeahnte Bekanntheit verschaffte und mit dem Luftschiffmythos dauernd verband.

Mit Ausnahme der Vereinigten Staaten hatten fast alle Alliierten der Entente mindestens ein deutsches Luftschiff als Reparation erhalten. Eckener, Chef der DELAG und der vor dem Konkurs stehenden Zeppelinwerft, überzeugte Amerikaner und Reichsregierung davon, statt einer Barleistung von 3,2 Millionen Goldmark auf Kosten Deutschlands ein neues Luftschiff in Friedrichshafen zu bauen. Die Konstruktion von »L 59«, des sogenannten »Afrikaschiffes«, war die Entwurfsgrundlage für das neue Luftschiff »LZ 126«.

Uniformabzeichen aus der Zeit der Passagierära der Zeppeline

Dessen Übergabe sollte allerdings in den USA erfolgen. Diese Vertragsklausel stellte ein großes Risiko dar, weil zuvor der Atlantik überquert werden mußte. Es war aber zugleich die Chance für Eckener, zu zeigen, daß Luftschiffe nicht nur imstande waren, diese Distanz problemlos in kurzer Zeit zu überwinden, sondern auch für einen Liniendienst über den Ozean geeignet waren. Am 15. Oktober 1924 erreichte »LZ 126«, unter der Führung von Hugo Eckener, den Luftschiffhafen Lakehurst im amerikanischen Bundesstaat New Jersey, und die Amerikaner bereiteten der Besatzung und ihrem Kommandanten einen euphorischen Empfang.

Die Firma Luftschiffbau Zeppelin hatte ihren Vertrag erfüllt. Die New Yorker ehrten Hugo Eckener und seine Männer mit einer einmaligen Konfettiparade, und der amerikanische Präsident Coolidge lud zum Empfang. Es kam zu einer Verbesserung des politischen Klimas zwischen den USA und Deutschland, das die Aufhebung des Bauverbotes von Luftschiffen durch die Siegermächte zur Folge hatte. Die Zeit der Passagierluftschiffe im Liniendienst begann.

Das Ende des Krieges brachte zwar das Ende der Militärluft-
schiffe, nicht aber das Ende der Luftschiffahrt. Die Bilanz der
DELAG, der ersten Luftfahrtgesellschaft der Welt, sah von
1909 bis 1914 nicht schlecht aus. Deren Luftschiffe hatten
1.588 Fahrten durchgeführt und dabei mehr als 34.000
Personen, davon ein Drittel als zahlende Passagiere, beför-
dert. Doch trotz der hohen Fahrpreise konnte die DELAG vor
dem Krieg nie kostendeckend arbeiten. Ihr Zweck war auch
eher, durch den Fahrbetrieb Erfahrungen im Passagier- und
Postverkehr zu sammeln und die Zuverlässigkeit des Luftschiffes gegenüber poten-
tiellen Interessenten zu beweisen. Der Erste
Weltkrieg unterbrach aber dann alle Planungen über die Einrichtung von gewinnbringenden Flugstrecken.

In dieser Richtung konnte erst wieder
1924, nach Ablieferung von »LZ 126« in
den USA, gedacht werden. Die US Navy,
die das Luftschiff übernahm, gab ihm die
Bezeichnung ZR III (Zeppelin rigid airship)
»LOS ANGELES«. Nach 12 Jahren Dienstzeit in der amerikanischen Marine wurde es
1936 außer Dienst gestellt und 1940
demontiert.

**Fahrkarte für eine Bodensee-
Rundfahrt mit dem Luftschiff
GRAF ZEPPELIN am 17. August
1931**

Nach der Rückkehr Eckeners aus den USA
begannen die Friedrichshafener mit der
Planung eines Schwesterschiffes, des
LZ 127 »GRAF ZEPPELIN«. Dieses Luftschiff
sollte die Erfahrungen liefern, die für die Produktion einer
ganzen Flotte von Serienluftschiffen nötig waren, um einen
regelmäßigen Linienverkehr nach Übersee aufzubauen.
Wegen der chaotischen wirtschaftlichen Verhältnisse in
Deutschland jener Tage dauerte die Beschaffung des nötigen
Kapitals und der Bau des »GRAF ZEPPELIN« vier Jahre, bis sich
am 18. September 1928 der »Hoffnungsträger« der Firma
Luftschiffbau Zeppelin in die Luft erhob.

Von der Zeppelinwerft als »Versuchsschiff« bezeichnet, hatte es jedoch bereits die Ausstatung eines Verkehrsluftschiffes und konnte 20 Passagiere oder 15 t zahlende Nutzlast befördern. Die Besatzung bestand aus 40 Mann. Nach einigen Fahrten des Luftschiffes über Deutschland ging es 1929/1930 unter der Leitung von Hugo Eckener nach Nord- und Südamerika und später um die Welt. LZ 127 »GRAF ZEPPELIN« blieb das glückhafte Schiff.

Ohne größere Havarien wurde es zum gewinnbringenden »Arbeitspferd« der DELAG und der 1935 folgenden Deutschen Zeppelin-Reederei (DZR). Zuverlässig verrichtete das Luftschiff den Liniendienst im Verkehr über den Atlantik und beförderte insgesamt 13.110 zahlende Passagiere sowie große Mengen Post und Fracht. Bis zu seiner letzten Fahrt am 18. Juni 1937 legte das Luftschiff »GRAF ZEPPELIN« auf 590 Fahrten fast 1,7 Millionen Kilometer zurück, dabei überquerte es 144mal den Atlantik.

Der Wunschtraum Hugo Eckeners wurde mit dem wesentlich größeren und luxuriösen Luftschiff LZ 129 »HINDENBURG« realisiert. Es sollte nach den Erfahrungen mit »LZ 127« endlich die große Zeit des Weltluftverkehrs eröffnen. Das flammende Inferno der explodierenden »HINDENBURG« in Lakehurst im Mai 1937 beendete alle Träume und die Ära der Luftschiffe. Fast fertig, traf das Schwesterschiff der »HINDENBURG«, der neue »GRAF ZEPPELIN II« LZ 130, der Bannstrahl des Reichs-Luftfahrt-Ministeriums. Es verbot die Passagierbeförderung. 1940 wurden alle Luftschiffe demontiert und die große Halle des Luftschiffhafens Frankfurt am Main dem Erdboden gleichgemacht.

**Lakehurst am 6. Mai 1937 um 19.25 Uhr Ortszeit.
LZ 129 »HINDENBURG« explodiert**

Eine Reise im Luftschiff zeichnete sich, neben der Geschwindigkeit (mehr als doppelt so schnell wie ein Passagierschiff), auch durch den Reisekomfort aus. Besonders das Luftschiff LZ 129 »HINDENBURG« wies wesentliche Veränderungen gegenüber seinen zivilen Vorgängern und den alten Marine-Luftschiffen auf. Die Fahrgasträume befanden sich nicht mehr in einer an den Schiffskiel gehängten Gondel – wie noch beim LZ 127 »GRAF ZEPPELIN« –, sondern waren in das Luftschiffinnere verlegt worden.

Doch nicht die innenliegenden 35 Fahrgastkabinen machten den Komfort aus, mit ihnen konnten es die 1.-Klasse-Schlafwagenabteile der Reichsbahn noch ohne weiteres aufnehmen. Im modernen Bauhausstil eingerichtete Speise- und Gesellschaftsräume und der dazugehörende erstklassige Service sowie erlesenes Essen und Getränke machten dagegen die Reise mit der »HINDENBURG« zum unvergeßlichen Erlebnis.

Auf zwei Decks verteilten sich die Passagierkabinen und Sanitärräume, ein Speisesaal und eine Küche mit hervorragenden Köchen, ein Schreib- und Lesezimmer und ein Gesellschaftsraum mit einem schweinslederbezogenen Konzertflügel aus Aluminium für die musikalische Unterhaltung. Zum Speise- und Gesellschaftsraum gehörte jeweils ein Promenadendeck, von wo aus die erlesene Schar betuchter Passagiere die langsam dahinziehende Landschaft aus wenigen hundert Meter Höhe bewunderten. Ein Rauchersalon war auf einem Luftschiff, auf dem vor Reiseantritt die Passagiere Streichhölzer und Feuerzeuge abgeben mußten, etwas Besonderes.

Der als Bar ausgestattete Raum bildetet die Luftschleuse zu dem Rauchersalon, in dem leichter Überdruck dafür sorgte, daß auf keinen Fall Wasserstoff eindringen konnte.

Wasserstoff als Traggas, und davon bei der »HINDENBURG« rund 200.000 Kubikmeter über den Köpfen der Passagiere

Luftschiffgeschirr und Gläser ohne Stiel im AERONAUTICUM

und Besatzung, stellte ein dauerndes Feuer- und Explosionsrisiko dar. Hugo Eckeners Bemühungen, in den USA nicht-
brennbares Helium als Traggas zu erwerben, schlugen fehl.
Sein hervorragender Ruf bei den Amerikanern verlor die
Wirkung durch die instinktlose Politik der Nationalsozialisten ab 1936. In den USA befürchtete man den militärischen Mißbrauch des Heliums und ließ bereits vorberei-
tete Lieferungen des Edelgases nach Deutschland nicht zu.

Der bis heute in der Passagierluftfahrt nicht wieder erreich-
te Komfort und Luxus für die Reisenden der Luftschiffe
»GRAF ZEPPELIN« und »HINDENBURG« hatte seinen Preis.
Mit 1000 Mark entsprachen die Kosten für eine Fahrt über
den Atlantik dem halben Jahreslohn eines Luftschiffma-
schinisten. Eine Atlantiküberquerung in der 1. Klasse eines
Schnelldampfers war ebenso teuer und dauerte auch einige
Tage länger.

Die Reisezeit von Frankfurt, dem neu gegründeten deutschen Luftschiffhafen, nach Lakehurst südlich von New York
betrug 66 Stunden, in umgekehrter Richtung waren es
wegen der über dem Atlantik vorherrschenden Westwinde
nur 55 Stunden.

Und warum hatten die Weingläser an Bord der Luftschiffe
keinen oder nur einen kurzen Stiel? Hohe Frequenzen der
Motoren, vom Luftschiffgerippe aus Leichtmetall übertragen,
ließ die dünnen Glasstiele zerbrechen. Bei kurzen Stielen
konnten die hohen Frequenzen, die die Passagiere nicht
wahrnahmen, keinen Schaden anrichten.

Luftschiff HINDENBURG als Schnittmodell
im Maßstab 1:50 im AERONAUTICUM

Eines der zeitgeschichtlichen Phänomene in Deutschland war die Zeppelineuphorie in den ersten 40 Jahren des 20. Jahrhunderts. Spätestens seit Echterdingen standen große Teile der Bevölkerung mit offenem Mund da oder jubelten, wenn silbern glänzende Luftschiffe, die sie kurzerhand nur »Zeppeline« nannten, am Himmel ihre Bahn zogen. Im Kaiserreich gab die technische Errungenschaft dem Nationalstolz das Gefühl der Anerkennung von außen, um die auf allen Ebenen gerungen wurde. Das Deutsche Reich hatte sich im letzten Jahrzehnt des 19. Jahrhunderts als wirtschaftlicher »Senkrechtstarter« neben die alten Großmächte England und Frankreich gestellt und dadurch nicht nur Freunde gewonnen. Mit der Instrumentalisierung der Zeppeline und ihres Erfinders, zur Selbstwertstärkung für das neue Nationalgefühl, entstanden besonders vor dem Weltkrieg eine Unzahl von Zeppelinsouvenirs, die heute Sammlerherzen höher schlagen lassen. Die Zigarrenform des Luftschiffes durchdrang die Formenvielfalt des täglichen Lebens und präsentierte sich im patriotischen Zeitgeist.

Ungeschickte Politik mit den Nachbarn und eine beginnende Technikeuphorie endete dann im Chaos des Ersten Weltkrieges, dem ersten technischen Vernichtungskrieg der Menschheitsgeschichte. Auf dem Weg dorthin und im Krieg bekam das Luftschiff, mit massenpsychologischen Mitteln, die Überlegenheitsrolle zugesprochen. Es war Balsam für die von außen verkannte deutsche Seele. Dafür waren die neuen Geldeliten bereit, große Summen zu spenden und Heeres- und Marine-Luftschiffer sogar ihr Leben zu opfern.

Den Beweis des wirtschaftlichen Nutzens, über den des Sportgerätes hinaus, für das Graf Zeppelin sein Patent erhalten hatte, konnte das Luftschiff vor dem Ersten Weltkrieg nicht antreten. Die Verkehrs-luftschiffahrt stecke noch in den Kinderschuhen. Der militärischen Luftschiffahrt hatte

bereits die vier Jahre Krieg und sein Wettbewerber in der Luft, das Flugzeug, das Ende bereitet.

Nach dem verlorenen Ersten Weltkriege gab es eine Deutsche Republik, und wieder mußte das Luftschiff herhalten, um die nationalen Gefühle aus dem Keller zu holen.

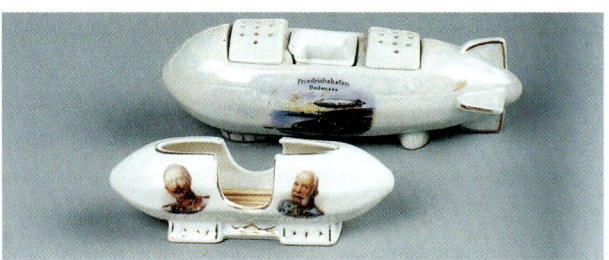

Luftschiffe überall. Salz- und Pfeffersteuer und Behälter für Zahnstocher mit Kaiserlichen Majestäten

Hugo Eckener als Zeppelins Nachfolger gelang das Unmögliche, er gewann mit zwei Luftschiffneubauten besonders Freunde in Amerika und konnte das deutsche Image erheblich verbessern. Die Inflation 1924 und die Weltwirtschaftskrise ab 1930 verhinderten nochmals den Beweis des zivilen Nutzens des Luftschiffes für den Luftverkehr. In den 30er Jahren bekam das Luftschiff seine Rolle auf der Propagandabühne der Nazis; es mußte wieder für neue Nationalgefühle seine Runden drehen.

Eckeners Traum vom Weltluftschiffverkehr begann Realität zu werden. Mit den größten jemals gebauten Luftschiffen »HINDENBURG« und »GRAF ZEPPELIN II« sowie dem Bau weiterer Passagierluftschiffe sollte nun endlich der Beweis des wirtschaftlichen Wertes des Verkehrsmittels angetreten werden. Die Katastrophe von Lakehurst war eine Bremse auf dem Weg dorthin. Mit dem Beginn des Zweiten Weltkrieges waren dann alle Luftschiffträume erledigt.

Ein Mythos, mit den Mitteln der Propaganda erzeugt, bringt viele Relikte zum Thema hervor, nicht immer schön, nicht immer dekorativ, selten praktisch, aber auf jeden Fall wirkungsvoll, wie 40 Jahre Zeppelinära gezeigt haben.

»Wurster Heide« hieß die wenig nutzbare Heidelandschaft südlich von Cuxhaven, die bis 1913 nicht beachtet auch den wenigen Bauern, die sich dort abrackerten, kaum das Brot brachte.
Als 1907 im Bereich zwischen den Nordholzer Tannen und
dem Bahnhof der Bremer Verein »Ferienheim Nordholz« ein
Heimgebäude errichtete, setzte er die Hoffnung in viele Gäste,
die dann nicht kamen. 1910 mußte das Heim schließen. Später
konnte die Marine diese Gebäude gut für die Unterbringung
der Baueinheiten des Luftschiffplatzes nutzen.

Auf der Suche nach geeignetem Gelände für die speziellen
Marinezwecke standen Gebiete um Emden, Aurich, Rendsburg,
Wilhelmshaven und Cuxhaven im Blickpunkt der Admiralität.
Allerdings sprach sich diese bald gegen Aurich und Emden aus.
Gegen Wilhelmshaven sprachen die große Massierung von
Truppen und die hohen Landpreise. Die Marine entschied sich
für das Gelände bei Cuxhaven nicht zuletzt, weil das vorgela-
gerte Watt einen natürlichen Schutz gegen Beschuß durch britische Schiffsgeschütze bot. Weiter hieß es in einer Denkschrift des Wilhelmshavener Werftdepartements vom
12. Oktober 1912: »Bei Cuxhaven ist ein geeignetes, billiges
Terrain von größter Ausdehnung, so daß wir voraussichtlich
nie in die Verlegenheit kommen werden, selbst wenn wir später eine Luftschiffwerft dort anlegen wollten …«

Neben der Chaussee nach Cuxhaven führte seit 1896 auch
eine kleine Bahnlinie durch die karge Heidelandschaft, und
der Haltepunkt Nordholz, zu dem keine Ansiedlung gehörte,
wurde Namensgeber des neuen Luftschiffplatzes.

Am 17. Dezember 1912 beauftragte der Staatssekretär des Reichsmarineamtes, Großadmiral Alfred von Tirpitz, die Kaiserliche Werft in Wilhelmshaven mit dem Ankauf des Geländes im Bereich Nordholz. Über 800 Hektar Fläche benötigte das streng geheime Bauvorhaben, und letztendlich sollten rund 18.161.000 Mark für Luftschiff-Hallen, Gaswerk und Unterkünfte verbaut werden.

Nach dem verlorenen Ersten Weltkrieg kursierten Gerüchte für eine weitere Verwendung. Man redete über einen »Weltluftschiffhafen Nordholz«, doch die Alliierten verlangten, daß alle Anlagen zu schleifen seien. Sämtliche Hallen waren bis zum 15. Februar 1921 niederzulegen, nur die Funkstation blieb als Betriebsstation für die internationale Seeschiffahrt bis 1936 stehen.

Neues Leben brachten etwa 1200 westpreußische Flüchtlinge. Durch die Abtretung des »Korridors« an Polen heimatlos geworden, fanden sie in den leerstehenden Kasernengebäuden auf dem Gelände des ehemaligen Luftschiffplatzes eine vorläufige Bleibe.

Mit Hilfe riesiger Dampfpflüge brachen die »Neubauern« den kargen Heideboden und den Baugrund der ehemaligen Militäranlagen auf und verwandelten mehrere hundert Hektar Land unter stetigem Einsatz von Kunstdünger in Ackerland mit hinreichendem Ernteertrag. 1923 konnten die rund zwanzig Neubauern-Familien ein erstes Erntedankfest feiern, dem bald die Gründung ihrer Gemeinde »Wursterheide« folgte.

Doch bald dröhnten wieder Flugzeugmotoren über dem Gelände. Die Luftwaffe baute einen Fliegerhorst, den nach dem Zweiten Weltkrieg erst die Engländer und dann die Amerikaner belegten. Heute wird er vom Marinefliegergeschwader 3 »Graf Zeppelin« der Deutschen Marine genutzt.

Blick vom Süden auf den Luftschiffplatz. Im Vordergrund die Doppelhallen NOGAT und NORDSTERN, dahinter links die Drehhalle NOBEL und die Doppelhalle NORMANN, rechts die Einzelhallen NORBERT und NORA

Neben den erheblichen Baukosten der Luftschiffe erzeugte die aufwendige Bodenorganisation um die Luftschiffe herum Kosten, die immer wieder den wirtschaftlichen Nutzen des neuen »Transportmittels« in Frage stellte. Im militärischen Bereich und vor allem in Kriegszeiten waren und sind solche Bedenken sekundär. Zum Schutz der wetterempfindlichen Luftschiffe mußten entsprechend dimensionierte Hallen gebaut werden, die in der damaligen Zeit zu Recht als technische und baukonstruktive Meisterleistungen angesehen wurden.

Fest gebaute Hallen lagen mit ihrer Achse in der vorherrschenden Hauptwindrichtung, um das Ein- und Aushallen der Luftschiffe so ungefährlich wie möglich durchführen zu können. Querwinde zur Hallenachse machten nämlich jeden Versuch, ein Luftschiff aus der Halle zu ziehen, zum Risiko. Deshalb entstanden um 360° drehbare Hallen, die in die jeweilige Windrichtung bewegt werden konnten. So gehörte der Bau der Doppeldrehhalle »HERTHA« zu den vordringlichsten Aufgaben auf dem Gelände des zukünftigen Marine-Luftschiffplatzes in Nordholz. Ab 1915 erhielten die Nordholzer Hallen Namen, die mit den Buchstaben NO begannen. Die weltweit einzige Doppeldrehhalle hieß von da ab »NOBEL«. Sie hatte ein Gewicht von 4600 Tonnen, eine Länge von 182 Metern, die man während des Krieges auf 200 m verlängerte, eine Höhe von 30 Metern und eine Breite von 70 Metern.

Modell der Doppeldrehhalle »NOBEL«.
Diorama im AERONAUTICUM

Im April 1913 begannen die umfangreichen Erdarbeiten, für die 130.000 m^3 Erdreich abgefahren wurden. Der eigentliche Hallenbau durch die Firma Siemens-Schuckert aus Berlin begann im November desselben Jahres. Acht Laufwagen, die auf einem Kranz von Doppelschienen in einem Radius von 73,5 Meter zum mittigen Drehzapfen liefen, trugen die Halle. Je zwei Elektromotoren trieben jeden dieser acht Wagen an. So wurde erreicht, daß der Koloß aus Stahl, Holz, Eternit, Tekton und Stahlblech sich innerhalb einer Stunde um 360° drehen konnte. Wände und Dach hatten Verkleidungen aus leichten Materialien, um einer nicht auszuschließenden Explosion geringen Widerstand zu bieten. Gelb getönte Drahtglasscheiben der Fenster sollten das Aufheizen der Gaszellen durch Sonneneinstrahlung verhindern. Die Marine forderte aus Sicherheitsgründen freies Gelände in der Nähe der Halle. Kollisionen der Luftschiffe mit Gebäuden sollten so vermieden werden, und deshalb montierten die Ingenieure alle Nebenanlagen, also Aufenthalts- und Diensträume sowie Werkstätten, außen an die Drehhalle.

Am 21. August 1914 bestand die Halle ihren Probelauf, und als erstes Marineluftschiff wurde »L 3« eingehallt. Nur zehn Jahre später kam das Ende der Doppeldrehhalle. Die Alliierte Kontrollkommission zeigte sich im Jahr 1919 zwar beeindruckt von der Halle »NOBEL«, doch das konnte die Demontage dieses technischen Meisterwerkes nicht verhindern. 1924 begann ihr Abbau. Bis dahin waren bereits die Hallen »NOGAT«, »NORDSTERN«, »NORA«, »NORBERT« und »NORMANN« gesprengt und verschrottet worden. Sie hatten zehn Luftschiffen gleichzeitig in Nordholz einen Hallenplatz geboten.

Blick in das Halleninnere der Doppeldrehhalle

Zu einem funktionierenden Luftschiffplatz gehörten neben den Luftschiffen selbst und den großen Hallen, um sie unterzubringen, eine technisch aufwendige Infrastruktur und sehr viel Bodenpersonal. Bei der Planung und Neuanlage des Platzes in Nordholz gehörte die Errichtung einer Gasanstalt zu den vordringlichsten Aufgaben. Die Luftschiffe brauchten, um »leichter als Luft« zu werden, Wasserstoff als Traggas, das möglichst in unmittelbarer Nähe des Stationierungsortes der Luftschiffe bereitgestellt werden sollte, um Transportrisiken auszuschließen.

Blick vom Luftschiff auf die Gasanstalt mit Gasbehälter und Gaswerk

Für den zivilen Bedarf der Luftschiffe vor dem Ersten Weltkrieg lieferte die chemische Industrie das Traggas in Gasflaschen. Wasserstoff fiel dort in großen Mengen als nicht nutzbares Nebenprodukt an. Bei dem vorgesehenen Gasbedarf der Luftschiffe in Nordholz kam nur eine eigene Gasanstalt als rentable Lösung in Frage. Sie entstand im Südwesten des Luftschiffplatzes. Bis zu 60 Zentimeter dicke Rohrleitungen verbanden die Gasanstalt mit den Hallen, in denen mehrere Zapfstellen das gleichzeitige Befüllen von drei bis vier Luftschiff-Gaszellen ermöglichten.

Die Wasserstofferzeugung in Nordholz erfolgte nach dem Verfahren der Firma Julius Pintsch. Überhitzter Wasserdampf wird dabei über glühendes Eisenoxid und Eisenfeilspäne geleitet und zersetzt sich dabei in Wasserstoff und in Sauerstoff, der vom Eisen gebunden wird. Dieser einfache chemische Prozeß war in der technischen Umsetzung für die Massenherstellung nicht mehr ganz so einfach und wird in der Ausstellung des AERONAUTICUMS ausführlich erklärt. Als Ausgangsstoffe für die Herstellung des Wasserstoffs waren lediglich Wasser und Koks nötig, letzteres aber in großen Mengen, so daß die Eisenbahnstrecke nach Nordholz gut ausgenutzt wurde. Ab September 1914 erzeugte die Gasanstalt Nordholz täglich 10.000 Kubikmeter Wasserstoff und steigerte sich auf 30.000 Kubikmeter im Jahr 1917.

Vor dem Entstehen des Luftschiffplatzes bestand das Areal aus Heide und dem einsamen Eisenbahn-Haltepunkt Nordholz. Ab 1913 begann der Bau von Unterkünften für die Marinesoldaten in der Nähe der Einfahrt des heutigen Fliegerhorstes. Direkt an der Landstraße, schräg gegenüber des jetzigen Museumsstandortes, erhoben sich die 50 Meter hohen Holzmasten der Funk-Telegrafenstation. Etwas abgesetzt, in einem kleinen Waldgelände, baute die Kaiserliche Marine 1916 das Offizierscasino, heute als Stabsgebäude des Marinefliegergeschwaders 3 »Graf Zeppelin« genutzt und ursprünglich einmal Wunschstandort für das Deutsche Luftschiff- und Marinefliegermuseum.

Offizier-Casino der Kaiserlichen Marine in Nordholz, gebaut 1916

Ein Angriff mit Flugzeugen auf den Luftschiffplatz Nordholz erschien der Marine eher unwahrscheinlich. Die Reichweite der Flugzeuge von 1914 reichte auf keinen Fall, um von den Britischen Inseln bis nach Nordholz zu fliegen und wieder zurückzukommen. Deshalb gab es in Nordholz auch keine deutschen Flieger, die einen Angriff hätten abwehren können. Der »Weihnachtsangriff« von 1914 oder »the Cuxhaven Raid«, wie die Engländer ihr Unternehmen nannten, ist bemerkenswert. Blieb er doch der einzige, zudem wirkungslose britische Angriff auf den Luftschiffplatz Nordholz. Eine Attacke, die auch als erster seegestützter Luftangriff gilt auf ein militärisches Ziel an Land. Die Verwendung von Flugzeugmutterschiffen, die bis vor die Küste fuhren und in Reichweite des Zieles ihre Schwimmerflugzeuge mit einem Deckskran aussetzte um sie nach dem Einsatz am verabredeten Treffpunkt wieder aufzufischen, kann als Geburtsstunde der späteren Flugzeugträger gelten.

Nachdem am 16. Dezember 1914 deutsche Schlachtkreuzer die englischen Küstenorte Hartlepool, Whitby und Scarborough beschossen hatten, mußte reagiert werden. Es handelte sich schließlich um den ersten Beschuß des britischen Inselreiches seit dem 17. Jahrhundert. Die britische Admiralität wollte sich revanchieren. Drei Kreuzer, acht Zerstörer und einige Unterseeboote sicherten drei Flugzeugmutterschiffe mit insgesamt neun Wasserflugzeugen an Bord beim Aussetzen der Flugzeuge nordöstlich von Helgoland. Am Morgen des 25. Dezember 1914 setzten die Besatzungen der umgebauten Kanalfähren »ENGADINE«, »RIVIERA« und »EMPRESS« neun Wasserflugzeuge ins Wasser, von denen

Festungsflugstation Nordholz. Deutsche Flugzeuge als Schutz der eigenen Luftschiffe vor englischen Flugzeugen.

sieben den Angriff gegen die Region Cuxhaven–Wilhelmshaven durchführten.

Die Piloten steuerten ihre Maschinen völlig auf sich allein
gestellt gegen die deutsche Küste, der Flottenverband lief
dagegen eine Position nördlich von Norderney an, um dort
auf ihre Rückkehr zu warten. Nebel und die Tatsache, daß
der Verband von einem deutschen U-Boot vorzeitig entdeckt wurde, ließen den Angriff der Engländer scheitern. Nur
ein Flugzeug erreichte Nordholz und warf zwei Bomben, die
wirkungslos detonierten. Obwohl der »Weihnachtsangriff«
keinen Schaden angerichtet hatte, war die Empörung groß
und führte zu dem Entschluß, nun auch Bombenangriffe
gegen die Britische Insel zu fahren.

Die Tatsache dieses englischen Unternehmens allein reichte,
um über die Luftverteidigung des Luftschiffplatzes nachzu-
denken. Zum Schutz vor weiteren Angriffen verlegten Jagd-
flugzeuge nach Nordholz, die mit ihren Bodeneinrichtungen
die Festungsflugstation Cuxhaven-Nordholz bildeten.

Während des Ersten Weltkrieges blieben die Piloten und
Flugzeuge häufig am Boden, weil keine weiteren Angriffe der
Engländer gegen Nordholz geflogen wurden. Das Flugzeug
als Waffe selbst aber sollte schon bald die Luftschiffe am
Himmel ablösen. Ende des Krieges war allen Verantwortlichen
klar: Luftschiffe haben als Angriffswaffe keine militärische
Zukunft. Dem Flugzeug gehört der Himmel, und das galt
besonders für Nordholz. Mit Ausnahme der Jahre von 1918
bis 1936 waren und sind über dem ehemaligen Luftschiffplatz
alle Arten von Flugzeugen am Himmel zu beobachten.

Im Etat der Kaiserlichen Marine von 1911, mit 451,9 Millionen Goldmark ausgestattet, tauchte ein Titel auf, der Grundsatzcharakter hatte. 100.000 Mark waren »zur Klärung der Verwendbarkeit von Luftfahrzeugen für Marinezwecke« eingeplant. Im Gesamtrahmen gesehen eine lächerliche Summe, in der Wirkung aber der Beginn einer Entwicklung mit bemerkenswertem Ergebnis. Nach nur sieben Jahren, im November 1918 zum Ende des Ersten Weltkrieges, gehörten 32 Seeflugstationen, 17 Landflugplätze mit insgesamt über 1478 See- und Landflugzeugen und einem Gesamtpersonalstand von 16.122 Mann zu den Marinefliegern der Kaiserlichen Marine. 2166 gut ausgebildete Piloten gehörten zum fliegenden Personal, auf die spätere Planungen neuer Marineluftstreitkräfte zurückgreifen konnten.

Fliegerabzeichen der Kaiserlichen Marine, links: Marine-Beobachter-Abzeichen und rechts: Abzeichen für Marine-Flugzeugführer (See) aus dem Bestand des AERONAUTI-CUMS

Einen warmen Regen reichlicher Geldmittel für die junge Militärfliegerei ergab die National-Flugspende von 1912. Von Großadmiral Prinz Heinrich von Preußen (1862–1929), auto-, flugzeug- und segelsportbegeisterter Generalinspekteur der Marine, ins Leben gerufen, brachte sie in sechs Monaten 7,25 Millionen Mark ein.

Sein Bruder, Kaiser Wilhelm II. (1859–1941), sorgte dann für die Geburtsstunde der Marineflieger. Am 3. Mai 1913 verfügte er die Aufstellung zweier selbständiger Abteilungen: die Marine-Luftschiff-Abteilung mit dem vorläufigen Standort Johannisthal bei Berlin und die Marine-Flieger-Abteilung mit Standort Putzig bei Danzig.

Seeaufklärung war die Hauptaufgabe der Marineflieger im Ersten Weltkrieg. Dazu kamen der Schutz der Aufklärer über See und die Bekämpfung gegnerischer Luftschiffe, See- und Landflugzeuge sowie Schiffe und U-Boote. Hierfür wurden anfangs ausschließlich Schwimmerflugzeuge verwendet. Auf Grund der besseren Leistungsdaten und zunehmender Reichweiten kamen später jedoch auch Landflugzeuge hinzu. Die Bestimmungen des Versailler Vertrages verboten Deutschland den Besitz von Luftstreitkräften jeder Art. Während deutsche Flugzeugfirmen ins Ausland abwanderten, richtete die Marineleitung bereits im Februar 1920 ein Fliegerreferat unter der Leitung von Kapitänleutnant Faber ein, dem es gelang, die von den Siegern geforderte Demontage der Seefliegerstationen Kiel-Holtenau und Norderney zu verhindern. 1923 bestellte die Marineleitung 10 Seekampfflugzeuge vom Typ HE 1 bei Heinkel in Warnemünde, getarnt als Zivilauftrag der Firma Stinnes für Südamerika.

Zur verdeckten Ausbildung von Flugzeugbesatzungen und zur fliegerischen Weiterbildung von Seeoffizieren bediente sich die Reichsmarine der Firmen Severa (Seeflugzeug-Versuchsabteilung GmbH) auf Norderney und der Seefliegerschulen der DVS in Warnemünde und List auf Sylt.

Dieser intensiv betriebene, getarnt ablaufende Aufbau einer Fliegertruppe sollte nach den Vorstellungen der Marineleitung zu einer eigenen Seefliegertruppe der Reichsmarine führen.

Seekampfzweisitzer Brandenburg W 29 von 1917. Dieser Typ brachte den Seefliegern die Luftüberlegenheit über der Nordsee.

In Altenrhein, einem kleinen Ort am schweizerischen Bodensee-Ufer, öffneten sich im Sommer 1929 die mächtigen Tore einer großen Werkhalle, und herausgezogen wurde, im wahrsten Sinne des Wortes, ein Schiff mit Flügeln. 40,05 Meter lang mit einer Spannweite von 48 Metern und einem Leergewicht von 28,25 Tonnen sollte dieses Gerät, das alle Dimensionen der damaligen Flugzeuge sprengte, nicht nur schwimmen, sondern auch fliegen können, was die Skeptiker stark bezweifelten. Am 12. Juli 1929 kam der Tag der Wahrheit, und Testpilot Richard Wagner war selbst überrascht, wie unproblematisch er die Do X vom Schwimmen zum Fliegen bekam. Claude Dornier (1884–1969), der geniale Konstrukteur, war zufrieden, und als seine Kritiker behaupteten, bis auf das benötigte Benzin könne die Do X keine weitere Nutzlast in die Luft bringen, entschloß er sich zu einem spektakulären Rekordflug. 169 Passagiere, zu sechst nebeneinander, nahmen in der geräumigen Kabine des Flugbootes Platz, und dann begann ein 40minütiger Flug über den Bodensee. 12 Motoren mit zusammen 6300 PS Leistung brachten das Startgewicht von 44,7 Tonnen in die Luft.

Der Nachweis, mit großen Flugzeugen große Passagiermengen über lange Strecken transportieren zu können, kam für die Zivilluftfahrt 40 Jahre zu früh und lag auch nicht in der Absicht der Auftraggeber für die Do X. Es war die Reichsmarine, die 1927 Dornier beauftragt hatte, ein seefähiges Versuchsflugboot größtmöglichen Ausmaßes zu konstruieren und zu bauen, das als Fernaufklärer, Minenleger und Torpedoflugzeug Verwendung finden konnte. Da solche Aktionen in Deutschland der 20er Jahre getarnt ablaufen mußten, ließ Dornier in Altenrhein, also auf Schweizer Boden, die Werkhalle für die Do X errichten, in der später noch zwei weitere Flugboote gleicher Bauart für die italienische Luftwaffe, die Do X2 und Do X3, fertiggestellt wurden. Statt Minenhalterungen bekam die Do X eine luxuriöse Kabinenausstattung für 70 Passagiere. Unter dem Komman-

do von Friedrich Christiansen (1879–1972), Träger des Ordens »Pour le mérite« und Symbolfigur der kaiserlichen
Marineflieger, machte sie Demonstrationsflüge durch Europa
und Deutschland, die 1931 in der Amerikareise des »Flugschiffes« gipfelten.

Stationiert in der Seeflugzeug-Erprobungsstelle in Travemünde und mit einem Reiseangebot, das zur Zeit der Weltwirtschaftskrise kaum Interessenten fand, war die Do X zwar
eine Attraktion, aber Geld konnte mit ihr nicht verdient werden. Ab 1935 blieb sie ihrer Rolle treu und wurde der attraktive Mittelpunkt in der Deutschen Luftfahrtsammlung am
Lehrter Bahnhof in Berlin. Als größtes Exponat des Museums
konnte die Do X vor den Bombenangriffen nicht in Sicherheit gebracht werden, und sie verbrannte mit dem Gebäude
nach einem alliierten Angriff auf Berlin in der Nacht zum 23.
November 1943.

**Die GREAT EASTERN der Flugzeuge. Das Flugschiff Do X –
zur falschen Zeit gebaut, landete sie im Museum**

Bis zur Machtergreifung der Nationalsozialisten 1933 war
die Welt der getarnt wirkenden Flieger der Reichsmarine
ungestört. Nach der Weisung des Reichswehrministers Kurt
von Schleicher (1882–1934) vom 15. November 1932 hatte
die Marineleitung eine »Rahmenorganisation für die
Marineluftwaffe« zu bilden. Diese verbarg sich damals schon
hinter den zivil anmutenden Namen wie: »Luftdienst e.V.« in
Warnemünde, »Deutsche Verkehrsfliegerschule« mit Zweig-
stellen in Warnemünde und List auf Sylt sowie Erprobungsstelle »S« in Travemünde/Priwall, einer Tarnorganisation,
die an den Aufgabenstellungen konkreter Marineluftstreitkräfte arbeitete und brauchbare Flugzeugmuster und
Waffen erprobte.

Als Aufgaben hatten sich folgende Betätigungsfelder dieser
neuen Streitkräfte aus Überlegungen, Übungen und Erfahrungen herausgeschält: 1. Aufklärung und Sicherung der
Küsten und Küstengewässer, insbesondere gegen Minen-
und U-Bootgefahr, 2. enge Sicherung eigener Kriegsschiff-
verbände und Geleite, 3. Aufklärung und Sicherung des
Küstenvorfeldes gegen feindliche Kriegsschiff- oder Luft-
waffenverbände, 4. Fernaufklärung weit entfernter, operativ
wichtiger Seegebiete oder feindlicher Stützpunkte, 5. Bord-
erkundung im freien Seeraum.

Mit dem 1. April 1933 und der Zusammenlegung der ge-
trennt wirkenden Fliegerführungsstäbe des Reichsheeres
und der Reichsmarine zum »Luftschutzamt« begannen die

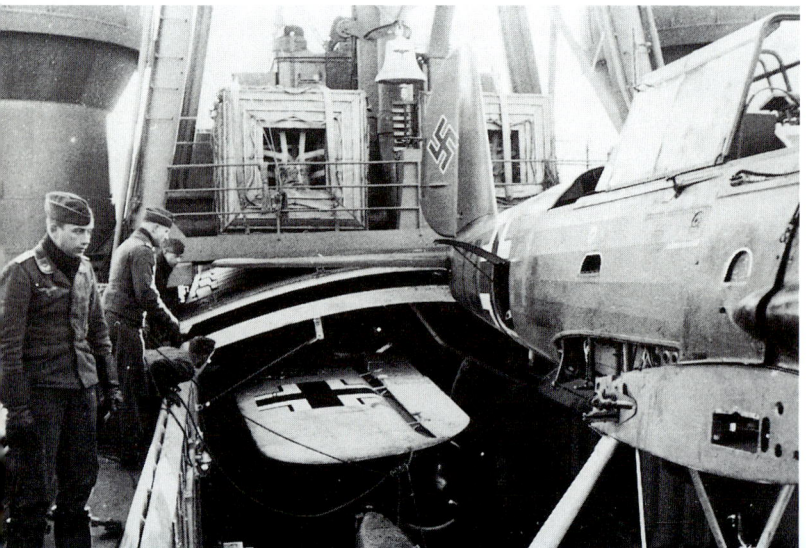

**Luftwaffensoldaten einer Bordfliegerstaffel heben
ihre Arado Ar 196 aus dem Hangar eines Kreuzers.**

Probleme. Der Einfluß Hermann Görings (1893–1946), des späteren Oberbefehlshabes der Luftwaffe (ObdL), machte sich sofort bemerkbar. Und am 1. März 1935, dem Tag der »Enttarnung der Luftwaffe«, ließ er seinen ihm zugeschriebenen Satz »Alles, was fliegt, gehört mir!« Realität werden. Gegen den rigorosen Anspruch und die Organisationshektik der Luftwaffe hatte die Kriegsmarine keine Chance.

In einem Protokoll der beiden Oberbefehlshaber Großadmiral Raeder (1876–1960) und Generalfeldmarschall Göring vom 27. Januar 1939 wurde der Kriegsmarine eine »Luftwaffe (See)« – bestehend aus 16 Küstenfliegerstaffeln, einer Bordfliegerstaffel und zwei Flugzeugträgerstaffeln – zugebilligt oder, besser: taktisch zugeordnet. Sie unterstanden dem »General der Luftwaffe beim Oberbefehlshaber der Kriegsmarine (ObdM)«. Alle Bemühungen der Kriegsmarine um eigene Seeluftstreitkräfte waren gescheitert. Im Oktober 1941 erfolgte die Auflösung der »Luftwaffe (See)«, die mit ihren rund 200 teilweise völlig veralteten Schwimmerflugzeugen und Flugbooten als Aufgaben lediglich die Seeaufklärung und der Bordfliegereinsatz geblieben war. Ihr Personal, das sich zum größten Teil aus ehemaligen Angehörigen der Marine zusammensetzte, wurde nun vollends in die Luftwaffe integriert.

Angriff von Kampffliegern gegen einen alliierten Geleitzug. Diorama mit Kartonmodellen im AERONAUTICUM.

Nach der Kapitulation im Mai 1945 gab die Erprobungsstelle »See« in Travemünde ihre Geheimnisse preis, und die Amerikaner staunten nicht schlecht, als ihnen Unterlagen über den U-Boot-Tragschrauber Focke-Achgelis FA-330 BACHSTELZE in die Hände fielen. »Eine Utopie, nie gebaut und zu schön, um wahr zu sein«, mit dieser Kommentierung lagen sie falsch. In 200 Exemplaren produziert und rund 50-mal eingesetzt, sollte mit diesem motorlosen Fluggerät, das nur der Fahrtwind des schnell laufenden U-Bootes in die Höhe trug, der Beobachtungskreis des ziehenden Bootes erweitert werden.

Vor der Zeit der Flugzeuge, des Radars und anderer elektronischer Ortungsmittel konnte vom Kriegsschiff auf See so weit beobachtet werden, wie es das beste optische System am höchsten Punkt an Bord hergab. Auch der Feuerkampf war auf diese Sichtentfernung beschränkt. Es kam durchaus vor, daß gegnerische Kriegsschiffe unterhalb des Horizonts unbeobachtet aneinander vorbeifuhren. Alle Marinen waren daher bemüht, den Beobachtungsradius ihrer Kriegsschiffe zu vergrößern. Das Flugzeug schien geeignet, die Rolle als deren »weitreichende Augen« zu übernehmen.

Bereits im November 1910 gelang der erste erfolgreiche Start von einem Schiff, dem Leichten Kreuzer BIRMINGHAM der US-Marine. Abgesehen von Radflugzeugen, die ab 1917 von ersten improvisierten Flugzeugträgern starteten, mußten Schwimmerflugzeuge oder Flugboote während des gesamten

Bordflugzeug Arado Ar 196 – mit 435 Maschinen das meistgebaute deutsche Seeflugzeug

Ersten Weltkrieges von Flugzeugmutterschiffen zum Start mit einem Kran in die See gesetzt werden. Erst in den 20er Jahren führten die Marinen als Starthilfen luftdruckbetriebene Katapulte ein. So konnten Wasserflugzeuge vom knapp bemessenen Schiffsraum der Kreuzer und Schlachtschiffe aus starten.

Deutschlands einziger Flugzeugträger GRAF ZEPPELIN kam nie zum Einsatz.

Als erste deutsche Kriegsschiffe erhielten die drei Leichten Kreuzer der KÖNIGSBERG-Klasse ab 1934 je ein Katapult-Startgerät und zwei Schwimmerflugzeuge. Alle Kreuzer (mit Ausnahme der EMDEN), Schlachtschiffe und Hilfskreuzer der Kriegsmarine verfügten über Bordflugzeuge (ab 1939 vom Typ Arado Ar 196), die in zwei Bordfliegerstaffeln zusammengefaßt waren. Das Fluggerät sowie das fliegende und das Wartungspersonal an Bord der Kriegsschiffe unterstanden aber nicht der Kriegsmarine, sondern der Luftwaffe. Lediglich die Beobachter waren zur Luftwaffe abkommandierte Seeoffiziere.

Während des Zweiten Weltkrieges wurde deutlich, daß sich die Erwartungen hinsichtlich der Wirkung der Bordflugzeuge nicht erfüllten, da ihr Einsatz stark witterungsabhängig und ein Schiff während des Anbordnehmens von gewasserten Bordflugzeugen äußerst gefährdet war. Der Bestand von Bordflugzeugen einschließlich Personal wurde daher im Verlauf des Krieges immer mehr verringert.

Die Luftschlacht um England im Spätsommer 1940 brachte für die Seenotflieger der Luftwaffe die Bewährungsprobe. Konnten sich abgeschossene Besatzungen der deutschen Jäger und Kampfflieger mit dem Fallschirm retten, landeten sie nicht selten im Ärmelkanal. Für diesen Fall hatten die Piloten eine zweckmäßige Ausrüstung am Mann. Ein signalgelber Überzug über der Kopfhaube, Schwimmweste, Signalpistole und Einmannschlauchboot gaben eine gewisse Sicherheit, nach dem unfreiwilligen Bad von eigenen Rettungsfliegern gefunden und aufgefischt zu werden. Besonders das zweimotorige Schwimmerflugzeug Heinkel He 59 und das dreimotorige Flugboot Do 24 mit Rotkreuzanstrich brachte die ersehnte Hilfe.

Groß war die Empörung auf deutscher Seite, als Air Chief Marshall Sir Hugh Dowding, Oberbefehlshaber des Jägerkommandos der R.A.F., befahl, diese Maschinen mit oder ohne Abzeichen des Roten Kreuzes abzuschießen. Er vertrat die Ansicht, daß ein geretteter Flieger wieder zum Einsatz kommen würde, falls man seine Retter davonfliegen ließe. Die Luftwaffe reagierte, indem sie die Seenotflugzeuge mit einem Tarnanstrich versah und bewaffnet zum Rettungseinsatz schickte.

Mit der Aufstellung des »Seenotflugkommandos I« in Bad Zwischenahn am 12. April 1939 hatte der Aufbau des eigenständigen Seenotdienstes der «Luftwaffe (See)« begonnen. Übrigens der erste Seenotflugdienst der Welt überhaupt. Die deutschen Seenotflieger retteten während des Zweiten Weltkrieges über 12.000 Menschen aus Seenot, davon allein 5000 alliierte Soldaten und Seeleute.

Umgerüstete Schwimmer-Doppeldecker vom Typ Heinkel He 59 waren die ersten Flugzeuge des Seenotflugdienstes.

Heiß ersehnt und oft in letzter Minute: eine Dornier Do 24 beim Seenotrettungseinsatz. Diorama im AERONAUTICUM

Bis 1935 griffen die Seefliegerhorstkommandanten, gleichzeitig Seenot-Einsatzleiter, im Rettungsfall auf vorhandene Flugzeuge zurück. Fünf Seenotbezirke, List und Norderney für die Nordsee und Bug sowie Nest und Pillau für die Ostsee, bildeten seit 1935 den organisatorischen Rahmen. Jeder Bezirk erhielt ein Flugsicherungsschiff und einige Flugbetriebsboote (Fl B) zugeteilt. Darüber hinaus konnten die Einsatzleiter bei Bedarf auf die Boote der »Deutschen Gesellschaft zur Rettung Schiffbrüchiger« zurückgreifen.

Der Zweite Weltkrieg mit den eroberten europäischen Küsten zwang zur Einrichtung weiterer Seenotzentralen in den Bereichen Norwegen und Kanalküste sowie 1941 Mittelmeer/Ägäis und etwas später noch Schwarzes Meer. Die Zuständigkeit lag ab Juli 1940 beim jeweiligen »Seenotdienstführer der Luftflotte«. Insgesamt zehn Staffeln und Flottillen brachten die Flugzeugtypen He 59, Do 18 und Do 24 zum Einsatz. Nach einer kriegsbedingten Zusammenlegung der Staffeln und Flottillen zu Gruppen im August 1944 kam es zur größten Rettungstat der Seenotflieger. Im Frühjahr 1945 evakuierten 35 verbliebene Seenotflugboote vom Typ Dornier Do 24 sowie vier Flugsicherungsschiffe und 12 FL-Boote 146.000 Menschen über die Ostsee nach Westen.

Sicherlich hätte ein Aufschrei der Entrüstung im Oktober 1950 die gerade gegründete Bundesrepublik erschüttert, wäre ein streng geheimes und von den Alliierten besonders genehmigtes Treffen im idyllischen Eifelkloster Himmerod bekanntgeworden. Fünf Jahre nach dem Ende des Zweiten Weltkrieges und von der Bundesregierung eingeladen, diskutierten 15 hochrangige ehemalige Wehrmachtsoffiziere über den Aufbau neuer westdeutscher Streitkräfte und verfaßten ein Grundsatzpapier. Die »Himmeroder Denkschrift« war die geistige Geburtsstunde der späteren Bundeswehr.

Seit Januar 1966 als U-Bootjäger und Seefernaufklärer auch bei den deutschen Marinefliegern im Einsatz. Die Breguet BR. 1150 »ATLANTIC« wird demnächst auch im AERONAUTICUM zu sehen sein.

Offiziell begann der Aufbau der Bundeswehr mit ihrer Marine ab 1955. Nachdem die Planung einer Europäischen Verteidigungsgemeinschaft (EVG) am Bedenken Frankreichs endgültig scheiterte, wurde die Bundesrepublik am 9. Mai 1955 in das »Nordatlantische Verteidigungsbündnis« NATO aufgenommen. Mit der feierlichen Übergabe der Ernennungsurkunden durch den neuen Bundesminister der Verteidigung Theodor Blank (1905–1972) an die freiwilligen Soldaten der ersten Stunde, am 12. November 1955, stand das Gründungsdatum der Bundeswehr fest.

Am 21. Juni 1956 erfolgte die Aufstellung des »Kommandos der Marineflieger« in Kiel-Holtenau. Ein knappes Jahr später, ab April 1957, begann der Aufbau dreier fliegender Einheiten mit Standorten in Schleswig-Jagel, Nordholz und Kiel-Holtenau. Bereits einige Jahre zuvor hatte die Auswahl geeigneter Flugzeuge begonnen. Englische Flugzeugmuster erhielten den Zuschlag. Die Abgrenzung zu den amerikanischen Baumustern der Luftwaffe war gewollt, um einer noch immer befürchteten Zusammenlegung mit der Luftwaffe entgegenzuwirken. Insgesamt erhielten die Marineflieger als Erstausstattung 68 Jagdbomber und Aufklärer Hawker SEA HAWK, 16 U-Jagdflugzeuge Fairey GANNET, sechs Transport- und Verbindungsflugzeuge Percival PEMBROKE, fünf Seenotrettungs-Amphibienflugzeuge Grumman ALBATROSS und zehn Seenotrettungshubschrauber Bristol SYCAMORE.

Auf der anderen Seite des »Eisernen Vorhangs« entwickelte sich das Gründungsgeschehen der Nationalen Volksarmee mit ihren Seestreitkräften, zumindest was die Zeitfolge angeht, ähnlich. Mit Beteiligung der Deutschen Demokratischen Republik (DDR) gründete sich der »Warschauer Pakt«, das osteuropäische Verteidigungsbündnis, am 14. Mai 1955. Am 18. Januar 1956 beschloß die Volkskammer der DDR das »Gesetz über die Schaffung der Nationalen Volksarmee und des Ministeriums für Nationale Verteidigung«. 10.000 Marinesoldaten sollten zu den Seestreitkräften gehören.

Nach wenigen Jahren hatten beide deutschen Marinen ihren festen Bündnisplatz und ein stabilisiertes »Feindbild« – bis die Wende kam. Die reibungslose Umorganisation zweier ehemaliger Gegner zu einer Deutschen Marine seit dem 3. Oktober 1990 gehört zu den »Sternstunden« der Geschichte des 20. Jahrhunderts.

Mi-8 (HIP) in Aktion, Hubschrauberrettung zu DDR-Zeiten.

Die Allianz der Siegermächte von 1945 löste sich bereits unmittelbar nach dem Zweiten Weltkrieg auf. Schon während des Krieges erkennbar, waren die macht- und gesellschaftspolitischen Gegensätze zwischen den USA und ihren westeuropäischen Verbündeten einerseits und der Sowjetunion andererseits unüberbrückbar. Als Folge kam es zur Zweiteilung Deutschlands und Europas. Dieser als »Ost-West-Konflikt« bezeichnete Gegensatz, der sich vor allem zwischen den späten 40er und 50er Jahren zum »Kalten Krieg« verschärfte, bestimmte bis zum Ende der achtziger Jahre die Marinestrategie der beiden deutschen Kontrahenten am »Eisernen Vorhang«, der Grenze beider Machtblöcke.

Im September 1950 hatten die westeuropäischen Außenminister, aufgeschreckt durch die Zündung der ersten sowjetischen Atombombe 1949 und den Beginn des Koreakrieges im Juni 1950, die Aufstellung europäischer Streitkräfte beschlossen. Die junge Bundesrepublik Deutschland sollte dazu ihren Beitrag leisten.

Noch in Erinnerung der bitteren Erfahrungen des Zweiten Weltkrieges hatten die Initiatoren der »Himmeroder Denkschrift« schon 1950 starke Seeluftstreitkräfte mit 144 Flugzeugen für die Aufklärung, U-Jagd und als Jagdbomber vorgeschlagen. Sie formulierten auch Aufträge der Bundesmarine, die im Grundsatz bis zur Wende 1989 Bestand hatten: Sicherung der Ostseezugänge; Bekämpfung des feindlichen Schiffsverkehrs in der Ostsee; Unterstützung des Heeres, z. B. durch amphibische Operationen; Sicherung der eigenen Seeverbindungen in der westlichen Ostsee, in Kattegat und Skagerrak und der Nordsee.

Etwa zeitlich parallel entstanden ab 1956, eingebunden in die Militärbündnisse »NATO« und »Warschauer Pakt«, deutsche Streitkräfte als Bundeswehr in der Bundesrepublik Deutschland und als Nationale Volksarmee in der Deutschen Demokratischen Republik. Die beiden neuen Wehrkörper hatten sofort Seestreitkräfte, die auf ein Potential gut ausgebildeter Marinekräfte zurückgreifen konnten, die sich anfangs mit Waffensystemen der jeweiligen Bündnispartner ausgerüstet in der Ostsee gegenüberstanden.

Was die einen verteidigen sollten, nämlich die Ostseezugänge, hatten die anderen im Kriegsfall zu erobern. Erringung der Seeherrschaft in der Ostsee und Durchbruch in die Nordsee war das strategische Ziel der Volksmarine, wie sich die Seestreitkräfte der Nationalen Volksarmee ab 1960 nannten. Natürlich konnte sie diese möglichen Aufgaben, ge-

»Muskelspiel« im Kalten Krieg. Im Tiefstflug mit dem STARFIGHTER durch die Linie der Grenz-Sicherungsboote der Volksmarine.

nauso wie die Bundesmarine, nur zusammen mit ihren Bündnispartnern bewältigen.

Zur Erfüllung ihres Verteidigungsauftrages benötigte die Bundesmarine vornehmlich kleinere Kampfschiffe und integrierte Seeluftstreitkräfte, die von Anfang an ein wichtiger Bestandteil der Bundesmarine waren. Die Marineflieger stellten dabei etwa ein Drittel des Personals der Flotte bzw. ein Fünftel der Gesamtmarine, wobei sich der Personalumfang der Bundesmarine Mitte der 80er Jahre auf etwa 39.500 Soldaten belief.

Rundgang über das Außengelände

Ausgestellte Flugzeuge und Hubschrauber

Bristol B 171 SYCAMORE Mk. 52

Michail Mi-8 T (Nato-Code HIP)

Michail Mi-8 PS (Salon-Version)

Suchoi SU-22 M4 (Nato-Code FITTER-K)

Lockheed F-104 G STARFIGHTER

Fouga CM-170 MAGISTER

Hawker SEA HAWK Mk. 100

Piaggio P-149 D

Hunting Percival PEMBROKE C.Mk.54

Dornier Do 28 D-2 SKYSERVANT

Dornier Do 28 D-2 OU SKYSERVANT (Öl-Do)

Fairey GANNET A.S.4

Stand Frühjahr 2001

Zwei Turboméca »Marboré« ll A Strahltriebwerke mit je 400 kp Schub brachten die Fouga CM-170 »MAGISTER«, ursprünglich als leichter Strahltrainer für die französische Luftwaffe entwickelt, auf eine Höchstgeschwindigkeit von 650 km/h. Bei der deutschen Luftwaffe und Bundesmarine flogen immerhin 234 Maschinen vom Typ CM-170 in den Jahren von 1957 bis 1969. Obwohl 194 Exemplare in Lizenz von der »Flugzeugunion Süd« in Deutschland gebaut wurden, handelt es sich bei dem Ausstellungsstück im AERONAUTI-CUM um eine französische Fertigung.

Eine traurige Berühmtheit erlangte der »STARFIGHTER«. Er ist ebenfalls im Außengelände des Museums ausgestellt. Der vom amerikanischen Hersteller Lockheed konstruierte Abfangjäger, Jagdbomber und Aufklärer hatte nur ein Triebwerk. Bei Vollschub mit Nachbrenner erreichte die »fliegende Rakete mit Schleudersitz« fast zweieinhalbfache Schallgeschwindigkeit. Die Bundeswehr kaufte und ließ 916 Exemplare in Lizenz in Deutschland bauen. In dreißig Einsatzjahren von 1960 bis 1991 verlor die Bundeswehr allein 270 Flugzeuge des Typs. Von den 131 Lockheed F-104 G »STARFIGHTER« der Marineflieger stürzten 50 Stück ab und rissen 21 Flugzeugführer in den Tod.

Auch der letzte »Flug« der Suchoi SU-22 M4, bei der NATO als FITTER-K bezeichnet, von Laage nach Nordholz fand nicht mit dem eigenen Strahltriebwerk statt, sondern als zerlegte Ladung auf Tiefladern. 1994 bauten dann Angehörige der früheren Nationalen Volksarmee ihr Flugzeug im AERO-NAUTICUM wieder zusammen, das seit 1984 beim Jagdbombergeschwader 77 in Laage bei Rostock Dienst tat. Die Übergabe an das ebenfalls dort stationierte Marinefliegergeschwader 28 »Paul Wieczoreck« war für 1990 vorgesehen und fand aber wegen der deutschen Vereinigung nicht mehr statt.

Der Lockheed F-104 G »STARFIGHTER« vor der bullig wirkenden Suchoi SU-22 M4

Vom Flugzeugträgerdeck auf den Magerrasen –

In Deutschland schaltete der verlorene Zweite Weltkrieg 1945 alle Düsentriebwerke in Flugzeugen schlagartig ab, und eine bahnbrechende Technologie stand dem bisherigen Gegner zur Verfügung. Auch die Konstrukteure des englischen Flugzeugherstellers Hawker machten sich damals Gedanken über einen Düsenjäger. Sie planten ein Flugzeug

U-Bootjäger Fairey GANNET – als Trägerflugzeug mit zweifach faltbaren Tragflächen

um das NENE Turbojet-Triebwerk von Rolls-Royce herum. Zwei Lufteinlässe an den vorderen Flügelwurzeln sollten zum Triebwerk führen und ein gegabeltes Strahlrohr die Abgase durch die Schubdüsen an der hinteren Flügelwurzel nach außen leiten. Die Hawker-Konstrukteure waren von ihrer X-förmigen Antriebskonfiguration so überzeugt, daß sie ohne staatlichen Auftrag einen Prototyp bauten, der sich am 2. September 1947 in die Luft erhob. Es folgten diverse Entwicklungsstufen, und ab Januar 1949 begann die Serienfertigung der Hawker SEA HAWK für die britische Marine.

Mit Gründung der Bundeswehr 1956 suchte die junge Bundesmarine nach entsprechenden Flugzeugmustern für die neu zu bildenden Marinefliegergruppen. Amerikanische Wunschkandidaten moderner Bauart durften an die deutschen Einkäufer nicht veräußert werden. Man wendete sich an die Briten und bekam mit der SEA HAWK einen relativ preiswerten und kampferprobten Marinejäger angeboten.

Für den deutschen Kauf der 34 SEA HAWK Mk. 100 und weitere 34 SEA HAWK MK 101 warf Hawker deren Serienproduktion in England erneut an. Ab 1958 flogen die Typen Mk 100 als Jäger und Jagdbomber und Mk 101 als Aufklärer bei den Marinefliegergeschwadern 1 und 2 in Schleswig bzw. Nordholz, später Eggebek. Bereits sieben Jahre später heulte das Nachfolgemuster STARFIGHTER F-104 G über die Runways der Fliegerhorste. Bei insgesamt 18 schweren Flugunfällen mit der SEA HAWK kamen zehn Flugzeugführer ums Leben. Eine tragische Entwicklung, die dann von der STARFIGHTER-Krise in den Schatten gestellt wurde.

Achtundzwanzig der 1965 ausgemusterten SEA HAWK fanden in Indien an Bord des Flugzeugträgers INS VIKRANT (ex HMS HERCULES) eine Weiterverwendung. Vier blieben als Erinnerungsstücke in Deutschland erhalten, und der Rest wurde verschrottet. Neben der SEA HAWK auf dem Außengelände des AERONAUTICUMS befindet sich ein Exemplar auf dem Marinefliegerhorst Eggebek bei Flensburg als »Torwächter«, ein weiteres in einem Museum in Villingen-Schwenningen und das vierte im Luftwaffenmuseum Berlin-Gatow.

Bei dem Nordholzer Museumsexponat handelt es sich um die ehemalige VB + 134 des Marinefliegergeschwaders 2, eine der damals an Indien verkauften Maschinen, die 1996 als Geschenk der indischen Marine auf dem Seeweg nach Deutschland zurückkam.

Am 18.7.1996 übergab der indische Botschafter in Deutschland das Düsenflugzeug an das AERONAUTICUM. Auszubildende des Berufsbildungs- und Technologiezentrums Bremerhaven restaurierten die Maschine 1998 und plazierten sie danach auf dem Magerrasen des Außengeländes in Nordholz.

Vom Deck des indischen Flugzeugträgers INS VIKRANT auf den Magerrasen des AERONAUTICUMS

Piaggio als italienischer Herstellername wird zum Begriff, wenn man an den »Vespa«-Motorroller aus den 50er Jahren denkt. Von 1957 bis 1961 erhielt die Bundeswehr vom selben Hersteller 266 Flugzeuge vom Typ Piaggio P-149 D als Schul- und Verbindungsflugzeug. Ab 1960 flogen die ersten von zwölf Piaggios auch bei der Bundesmarine. Das Museumsexponat, 1959 mit der Werknummer 096 bei Focke-Wulf, Bremen, in Lizenz gebaut, hatte bis zu seiner Außerdienststellung Mitte 1988 rund 4.200 Flugstunden und ca. 8.000 Starts und Landungen absolviert. Es kam im Juli 1996 per Straßentransport zum AERONAUTICUM nach Nordholz.

Von der Percival PEMBROKE C.Mk.54 sind zwischen 1952 und 1959 insgesamt 136 Exemplare gebaut worden. Von den 33 Maschinen der Bundeswehr flogen ab Mitte 1958 sechs »PEM's« für die neu aufgestellte Marine-Seenotstaffel (später Marinefliegergeschwader 5) in Kiel-Holtenau. Das Museumsexponat 54 + 08, aus drei verunglückten Maschinen zusammengebaut, ging ab Juli 1967 als SE + 515 beim Marinefliegergeschwader 5 wieder in den Flugdienst. Nach der endgültigen Aussonderung im Februar 1970 präsentierte sie die Flughafengesellschaft Mönchengladbach als »Blickfang« und stellte sie 1994 dem AERONAUTICUM als Leihgabe zur Verfügung.

1946 beauftragte die Royal Navy den englischen Flugzeugbauer Fairey mit der Entwicklung ihres ersten trägergestützten, für die U-Boot-Jagd optimierten Kampfflugzeuges. Im Beisein des deutschen Botschafters und des Inspekteurs der Marine übernahmen die Marineflieger 16 Fairey GANNET

Robust und vielfältig als Verbindungsflugzeug,
Percival PEMBROKE C.Mk.54

A.S. 4 im Mai 1958. Nach wechselnden Unterstellungen in den Aufbaujahren der Bundesmarine gehörten diese zuletzt bis zu ihrer Außerdienststellung am 30. Juni 1966 zum Marinefliegergeschwader 3 in Nordholz. Das Museumsexponat UA + 113 (Werknummer F9395) stand danach 30 Jahre als Torwächter am Haupteingang des Marinefliegerhorstes Nordholz, bis sie 1996 restauriert und im AERONAUTICUM aufgestellt wurde.

Zwanzig Exemplare der Dornier Do 28 D-2 SKYSERVANT kamen zwischen 1971 und 1974 als Transport- und Verbindungsflugzeuge zur Auslieferung an die 2. Staffel des Marinefliegergeschwaders 5 in Kiel-Holtenau. Zehn von ihnen verrichteten beim MfG 3 »GRAF ZEPPELIN« Seeraumüberwachungsaufgaben über der Ostsee ab 1978. Die SKYSERVANT 59 + 22 (mit Kraftstoffzusatztanks unter den Tragflächen) wurde am 13.9.1994 in Nordholz außer Dienst gestellt und dem AERONAUTICUM übergeben. Ein weiteres Dornier Do 28 D-2 OU SKYSERVANT Ölüberwachungsflugzeug der Marineflieger mit den Kennzeichen 59 + 19 erhielt das AERONAUTICUM im Februar 1996.

Die beiden Hubschrauber des Typs Mil Mi-8 (NATO-Code: HIP) auf dem Außengelände gehörten zur früheren Volksmarine. Die »Salon-Version« Mi-8 PS als Passagierhubschrauber und als Mi-8 T in der Version als bewaffneter Transporthubschrauber bis zur Wende absolvierten ihre letzten Flüge zur Außerdienststellung direkt ins AERONAUTICUM.

Nach altem Brauch mit einem »Last-Flight-Painting« übermalt, zeigt die Passagierversion in Stahlblau die hellblauweißen Farben Vorpommerns am Heckträger sowie den vorpommerschen Greif auf der linken Zellenseite. Auf der rechten Seite befindet sich – im Hinblick auf das damals bevorstehende Dienstende der Mi-8 in Parow – ein auf einer Krücke humpelnder Vogel.

Mil Mi-8 T (HIP), bewaffneter Transporthubschrauber der NVA-Marineflieger

Seit 1949 produzierte der britische Hersteller »Bristol Aeroplane Company« einen Hubschrauber, der auf Grund seiner
ungewöhnlichen Optik noch heute die Blicke auf sich zieht.
Nach dem Entwurf von Raoul Hafner baute Bristol Aeroplane
seinen SYCAMORE mit knapp 180 Exemplaren in unterschied-
lichen Varianten bis 1959. Die Bundeswehr kaufte als eines der
ersten Hubschraubermuster 50 Stück des B 171 SYCAMORE
für den Einsatz bei Heer, Luftwaffe und Marine. Zwölf davon
kamen für die Marine-Dienst- und Seenotgruppe (später
Marinefliegergeschwader 5) nach Kiel-Holtenau. Einer dieser
Hubschrauber ging am Ende eines erfolgreichen SAR-Einsatzes
(SAR: Search and Rescue = Suche und Rettung) verloren, die
Insassen blieben unverletzt.

**SYCAMORE des AERONAUTICUMS mit der Kennung WE +
543 kurz nach der Restaurierung**

Für den Einsatz über See bestand die Zelle aus einer seewas-
serbeständigen Aluminium-Legierung (Hydronalium) und
die Rotorblätter aus lackiertem Schichtholzverbundmaterial.
Durch eine Plastikverkleidung konnten die Türen hinter dem
Cockpit so modifiziert werden, daß – quer zur Flugrich-
tung – zwei Krankentragen Platz fanden. Bewährt hat sich
der SYCAMORE bei rund 2500 SAR-Einsätzen, vor allem
auch im Februar 1962 während der Sturmflut an der Nord-
seeküste und im Hamburger Raum.

Für die Marine konnte der SYCAMORE nur eine Übergangslösung sein. Er war zu klein, um notwendige Ausrüstung für den Einsatz an Bord zu nehmen, und bot nur unzureichende Navigationsmöglichkeiten über See. 1967 löste ihn der größere und blindflugtaugliche Sikorsky-Hubschrauber H34 ab. Die Anfangsjahre des SAR-Dienstes von Marine und Luftwaffe sind jedoch untrennbar mit dem SYCAMORE als dem ersten Rettungshubschrauber der Bundeswehr verbunden.

Interessant ist der Verwendungsweg des Museumsexponates. 1957 bei »Bristol Aeroplane Company« als Werknummer 13446 gebaut, wurde er im Folgejahr beim Lufttransportgeschwader 61 mit dem Kennzeichen GA + 119 in Dienst gestellt. Nach mehreren Versetzungen innerhalb der Luftwaffe übernahm die Marine den Hubschrauber 1961 als SC + 205 für die Marine-Dienst- und Seenotgruppe, die 1963 in dem neu aufgestellten Marinefliegergeschwader 5 aufging (neues Kennzeichen WE + 543). 1967 übernahm die 3. Luftrettungs- und Verbindungsstaffel der Luftwaffe den Hubschrauber und setzte ihn bis 1971 von Ahlhorn aus ein. Danach erwarb ihn das Land Niedersachsen für den neugegründeten »Feuerwehr-Flugdienst« und verwendete ihn mit dem zivilen Kennzeichen D-HEMD zur Waldbrandüberwachung.

Zehn Jahre später kaufte ein flugbegeisterter Landwirt den Hubschrauber für seinen »Hubschrauber-Flugdienst Mellinghausen« (bei Diepholz). 1986 flog der Hubschrauber während der Großbrände in der Lüneburger Heide erneut für den »Feuerwehr-Flugdienst«. 1988 wurde dieser Flugdienst aufgegeben und die SYCAMORE an einen Schweizer Hobbyflieger in Berneck für die »Sycamore Flyers Switzerland« weiterverkauft.

Durch Vermittlung der Niedersächsischen Landesregierung konnte er dort lokalisiert und 1998 mit Unterstützung der Firmen »GKN Westland Helicopters« und »CargoLifter Network« vom Förderverein des AERONAUTICUMS erworben werden. Die Restaurierung des Exponats erfolgte 1999.

Besonders die Zeit deutscher Militärgeschichte von 1871 bis heute war geprägt von politischen Situationen sehr unterschiedlicher »Farbigkeit«, wie sich an den Flaggen ablesen läßt. Im Zusammenlesen mit den Gelöbnis- und Eidesformeln der Soldaten ergeben die Symbole der Flaggen politischen Sinn oder auch die Sinnlosigkeit der jeweiligen Epoche.

Eidesformel der Kaiserliche Marine 1871 bis 1918
»Ich *(Vor- und Zuname)* schwöre zu Gott, dem Allmächtigen und Allwissenden einen leiblichen Eid, daß ich seiner Majestät dem deutschen Kaiser, Wilhelm II., meinem allergnädigsten Landesherrn (während des Ersten Weltkrieges: meinem obersten Kriegsherrn), in allen und jeden Vorfällen, zu Lande und zu Wasser, in Kriegs- und Friedenszeiten, und an welchen Orten es auch immer sei, getreu und redlich dienen, Allerhöchst dero Nutzen und Bestes befördern, Schaden und Nachteil aber abwenden, die mir vorgelesenen Kriegsartikel und die mir erteilten Vorschriften und Befehle genau befolgen und mich so betragen will, wie es einem rechtschaffenen, unverzagten, pflicht- und ehrliebenden Soldaten eignet und gebühret.«
Religiöse Bekräftigungsformel für Protestanten: »So wahr mir Gott helfe durch Jesum Christum zur Seligkeit. Amen.« – für Katholiken: »So wahr mir Gott helfe und sein heiliges Evangelium. Amen.« – für Juden: »So wahr mir Gott helfe.«

Flaggen der Kaiserlichen Marine 1871–1921
1871–1903 Seit 1867 Flagge der Marine des Norddeutschen Bundes. Sie

blieb bis 1903 Flagge der Kaiserlichen Marine. Für die überwiegend preußischen Kriegsschiffe des Norddeutschen Bundes sollte nach Wunsch König Wilhelms möglichst viele preußische Elemente enthalten. Im Grundsatz war Prinz Adalbert der Schöpfer der späteren Kaiserlichen Reichskriegsflagge mit dem preußischen Adler im Zentrum. Die Bundesfarben Schwarz-Weiß-Rot wurden auch die Nationalfarben des Kaiserreiches.
Die Verwechselung der deutschen Kriegsflagge mit dem britischen »White Ensign« durch ein russisches Kriegsschiff im

Jahr 1903 veranlaßte Kaiser Wilhelm II. zur Änderung der Reichskriegsflagge. Das Balkenkreuz wurde erheblich verstärkt und der Kreis des Mittelfeldes um den bereits 1892 geänderten preußischen Adler voll durchgezogen.
Die Gösch entsprach im Aussehen dem Obereck der Flagge.

1903–1921

Gelöbnisse und Eidesformeln der Reichsmarine 1919 bis 1935
Gelöbnis der vorläufigen Reichswehr vom 6. März 1919
»Ich gelobe, daß ich mich als tapferer und ehrliebender Soldat verhalten, der Verteidigung des Deutschen Reiches und meines Heimatstaates zu jeder Zeit und an jedem Ort meine ganze Kraft widmen, die vom Volk eingesetzte Regierung schützen und meinen Vorgesetzten Gehorsam leisten will.«
Eidesformel der Reichsmarine vom 14. August 1919
»Ich schwöre Treue der Reichsverfassung und gelobe, daß ich als tapferer Soldat das Deutsche Reich und seine gesetzmäßigen Einrichtungen jederzeit schützen, dem Reichspräsidenten und meinen Vorgesetzten Gehorsam leisten will.«
Eidesformel der Reichsmarine von 1923
»Ich schwöre Treue der Verfassung des Deutschen Reiches und meines Heimatlandes und gelobe, als tapferer Soldat mein Vaterland und seine gesetzmäßigen Einrichtungen jederzeit zu schützen und dem Reichspräsidenten und meinen Vorgesetzten Gehorsam zu leisten.«
Eidesformel der Reichsmarine von 2. Dezember 1933
»Ich schwöre bei Gott diesen heiligen Eid, daß ich meinem Volk und Vaterland allzeit treu und redlich dienen und als tapferer und gehorsamer Soldat bereit sein will, jederzeit für diesen Eid mein Leben einzusetzen.«
Eidesformel der Reichsmarine vom 2. August 1934
»Ich schwöre bei Gott diesen Eid, daß ich dem Führer des Deutschen Reiches und Volkes, Adolf Hitler, dem Oberbefehlshaber der Wehrmacht, unbedingten Gehorsam leisten und als tapferer Soldat bereit sein will, jederzeit für diesen Eid mein Leben einzusetzen.«

Flaggen der Reichsmarine von 1922–1935

1922–1933

Um die deutschen Flaggenfarben Schwarz-Weiß-Rot oder Schwarz-Rot-Gold entbrannte in der Weimarer Republik eine heftige Diskussion. Dieser sogenannte »Flaggenstreit« führte bei der Reichskriegsflagge zum Kompromiß. Die auf Heckflaggenmaß angepaßte Gösch der Kaiserlichen Marine erhielt ein schwarz-rot-goldenes Obereck.

1933–1935

Mit der Machtergreifung der Nationalsozialisten verschwanden im März 1933 sofort die Farben Schwarz-Rot-Gold aus den Flaggen. Die Gösch der Kriegsschiffe und die Reichskriegsflagge hatten für zwei Jahre ein identisches Aussehen. Bei der Kriegsflagge war das Eiserne Kreuz allerdings etwas zum Flaggenstock hin verschoben.

Eidesformel der Kriegsmarine 1935 bis 1945

Eidesformel der Kriegsmarine vom 20. Juli 1935
»Ich schwöre bei Gott diesen heiligen Eid, daß ich dem Führer des Deutschen Reiches und Volkes, Adolf Hitler, dem Obersten Befehlshaber der Wehrmacht, unbedingten Gehorsam leisten und als tapferer Soldat bereit sein will, jederzeit für diesen Eid mein Leben einzusetzen.«

Tagesbefehl von Großadmiral Dönitz an die Wehrmacht am 1. Mai 1945 nach Hitlers Tod
»(...) Der dem Führer von Euch geleistete Treueeid gilt nunmehr für jeden einzelnen von Euch ohne weiteres mir als dem vom Führer eingesetzten Nachfolger. (...)«

Flagge der Kriegsmarine 1935–1945

1935–1945

1935 endete die Zeit der vorläufigen Regelungen. Mit dem Reichsflaggengesetz im September und der Verordnung über die Reichskriegsflagge im Oktober versuchten die Machthaber eine optische Annäherung an die Kaiserliche Reichskriegsflagge, die weiterhin am 31. Mai, dem Skagerraktag, zusätzlich als Traditionsflagge gesetzt wurde. Als Gösch wehte bis 1945 die Hakenkreuzflagge. Das »Kontrollratsgesetz Nr.1 über die Aufhebung von Nazi-Gesetzen« eliminierte im September 1945 das Reichsflaggengesetz und beendete die zehnjährige Hakenkreuzära.

Gelöbnisformel der Marine der Bundeswehr 1956 bis heute
»Ich schwöre/gelobe, der Bundesrepublik Deutschland treu zu dienen und das Recht und die Freiheit des deutschen Volkes tapfer zu verteidigen, so wahr mir Gott helfe.«

Flagge der Seestreitkräfte der Bundeswehr (Bundesmarine)
»Als Dienstflagge der Seestreitkräfte der Bundeswehr bestimme ich die Bundesdienstflagge in der Form eines Doppelstanders.« Die Anordnung des Bundespräsidenten Theodor Heuss vom 25. Mai 1956 hat bis heute Gültigkeit. Die Gösch ist im Aussehen identisch.

1956–heute

Marineflieger-Geschwader der Bundeswehr

Seestreitkräfte der Bundeswehr

Eidesformeln der Marine der Deutschen Demokratischen Republik 1956 bis 1990
Eidesformel der Seestreitkräfte der Nationalen Volksarmee vom 30. April 1956
»Ich schwöre, meinem Vaterland, der Deutschen Demokratischen Republik, allzeit treu zu dienen, sie auf Befehl der Arbeiter- und Bauern-Regierung unter Einsatz meines Lebens gegen jeden Feind zu schützen, den militärischen Vorgesetzten unbedingten Gehorsam zu leisten, immer und überall die Ehre unserer Republik und ihrer Nationalen Volksarmee zu wahren.«

Eidesformel der Volksmarine vom 20. September 1961
»Ich schwöre, der Deutschen Demokratischen Republik, meinem Vaterland, allzeit treu zu dienen und sie auf Befehl der Arbeiter- und Bauern-Regierung gegen jeden Feind zu schützen. Ich schwöre, an der Seite der Sowjetarmee und der mit uns verbündeten sozialistischen Staaten als Soldat der Nationa-

len Volksarmee jederzeit bereit zu sein, den Sozialismus gegen alle Feinde zu verteidigen und mein Leben zur Erringung des Sieges einzusetzen.

Ich schwöre, ein ehrlicher, tapferer, disziplinierter und wachsamer Soldat zu sein, den militärischen Vorgesetzten unbedingten Gehorsam zu leisten, die Befehle mit aller Entschlossenheit zu erfüllen und die militärischen und staatlichen Geheimnisse immer streng zu wahren.

Ich schwöre, die militärischen Kenntnisse gewissenhaft zu erwerben, die militärischen Vorschriften zu erfüllen und immer und überall die Ehre unserer Republik und ihrer Nationalen Volksarmee zu wahren.

Sollte ich jemals diesen meinen feierlichen Fahneneid verletzen, so möge mich die harte Strafe der Gesetze unserer Republik und die Verachtung des werktätigen Volkes treffen.«

Eidesformel der Volksmarine vom 20. Juli 1990
»Ich schwöre, getreu dem Recht und dem Gesetz der Deutschen Demokratischen Republik meine militärischen Pflichten diszipliniert und ehrenhaft zu erfüllen. Ich schwöre, meine ganze Kraft zur Erhaltung des Friedens und zum Schutz der Deutschen Demokratischen Republik einzusetzen.«

Flaggen der Seestreitkräfte der Nationalen Volksarmee

1956–1960

Etwa zeitgleich zur Bundeswehr entstanden in der DDR die Streitkräfte der Nationalen Volksarmee, zu denen ab April 1956 auch Seestreitkräfte gehörten. Im selben Jahr kam die Dienstflagge der NVA zur Einführung, die für drei Jahre auf den Schiffen der Seestreitkräfte wehte. »Volksmarine« hießen die Seestreitkräfte der Nationalen Volksarmee der DDR ab 3.

1960–1990

November 1960. Den klassenkämpferischen Namen unterstützte die Grundfarbe Rot der neuen Flagge für Kampfschiffe und -boote. Alle übrigen Flaggen der Marineschiffe hatten bei gleicher Symbolik eine blaue Grundfarbe.

Weiterführende Literatur

Archbold, Rick **Luftschiff Hindenburg und die große Zeit der Zeppeline**, München 1994

Autorenkollektiv **Der Traum vom Fliegen, Johann Schütte – Ein Pionier der Luftschiffahrt**, Schriftenreihe Stadtmuseum Oldenburg, Band 38, Oldenburg 2000

Carstens, Hein **Schiffe am Himmel, Nordholz – Geschichte eines Luftschiffhafens**, Bremerhaven 1997

Chant, Christopher **Der Zeppelin, 100 Jahre Luftfahrtgeschichte**, Augsburg 2000

Duppler, Jörg **Marineflieger – Von der Marineluftschiffabteilung zur Marinefliegerdivision**, Herford 1988

Eichler, Jürgen **Luftschiffe und Luftschiffahrt**, Berlin 1993

Haaland/Knäusel/Schmitt/Seifert **Leichter als Luft – Ballone und Luftschiffe**, Die deutsche Luftfahrt, Band 26, Bonn 1997

Israel, Ulrich **Marineflieger einst und jetzt**, Berlin 1991

Italiaander, Rolf **Hugo Eckener – Ein moderner Columbus**, Konstanz 1979

Kleinheins, Peter (Hrsg.) **Die großen Zeppeline – Die Geschichte des Luftschiffbaus**, Düsseldorf 1996

Meighörner, Wolfgang (Hrsg.) **Giganten der Lüfte**, Erlangen 1996

Meighörner/Vagedes/Wrage **Das Jahrhundert der Zeppeline**, Hrsg. Deutsche Post AG, Hamburg 2000

Mennen, Johannes **Luftschiffe über Ostfriesland Wittmundhaven 1916–1921**, Wittmunder Hefte, Nr. 2, Wittmund 2000

Meyer, Peter **Luftschiffe – Die Geschichte der deutschen Zeppeline**, Koblenz 1980

Robinson, Douglas H. **The Zeppelin in Combat**, Atglen, PA USA, 1994

Sammt, Albert **Mein Leben für den Zeppelin**, Wahlwies 1994

Schmalenbach, Paul **Die deutschen Marine-Luftschiffe**, Herford 1977

Vetter/Vetter **Die deutschen Marineflieger – Geschichte, Typen und Verbände**, Stuttgart 1999

Abbildung auf dem Umschlagtitel
Marine-Luftschiff »L 23« kapert die norwegische Bark »ROYAL«.
Enno Kleinert, München 2001, ÖL auf Leinwand, 40 x 60 cm,
AERONAUTICUM

Nachweis der Abbildungen und Pläne
AERONAUTICUM, Nordholz (33), Michael Barz, Berlin (1),
Alf-Rico Denck, Cuxhaven (3), Deutsches Schiffahrtsmuseum,
Bremerhaven (1), Rainer Heinsohn, Cuxhaven (1), Jörg-M.
Hormann, Rastede (4), Hero Lang, Bremerhaven (2), Manfred
Mittelstedt, Cuxhaven (1), Bernd Schlüsselburg, Cuxhaven
(25), Vorlagen der Flaggen, S.M.S.EMDEN Ausstellungsge-
sellschaft, Rastede (9)

Die Deutsche Bibliothek – CIP-Einheitsaufnahme
Zeppeline, Marineluftschiffe und Marineflieger /
Jörg-M. Hormann.
Hamburg; Berlin; Bonn: Mittler, 2001
    ISBN 3-8132-0709-9

ISBN: 3-8132-0709-9
Layout und Produktion: Mirja Hübner
Druck und Bindung: Druckerei Ditzen, Bremerhaven
Printed in Germany